中等文範

朴泰遠 編

近代
土木
叢書
9

中等文範

朴泰遠 編

구자황·문혜윤

경진출판

일러두기

─. 이 총서는 『중등문범』(정음사, 1946)을 저본(底本)으로 삼았다.
─. 이 총서는 원문대로 옮기는 것을 원칙으로 하였으며, 이에 따라 문장부호, 기호, 약물 등도 출판 당시의 표기를 그대로 따랐다.
─. 다만, 가독성을 위해 띄어쓰기는 현대 어법에 맞도록 수정하였고, 낙자나 오식이 분명하다고 판단되는 경우 이를 교정하였다.
─. 편자의 각주는 가급적 사용하지 않는 것을 원칙으로 하되, 부득이 설명이 필요한 경우에는 '(엮은이)'로 표시하였다.
─. 한자의 발음은 원문 그대로 두었다. 예를 들어, '요색지대(要塞地帶)', '단식표음(簞食瓢飮)' 등.

독본이라는 근대의 창(窓)

朴泰遠 編

　독본讀本은 편찬자가 '정수精髓'라고 여기거나 '모범模範'이 될 만하다고 판단하는 글을 뽑거나 지어서 묶어 놓은 책이다. 따라서 편찬자의 의식과 입장에 따라, 겨냥하는 독자에 따라 그 주제와 범위를 달리할 수 있다. 무엇보다도 편찬될 당시의 일정한 담론과 지향이 독본의 체재와 내용으로 반영된다.

　독본讀本은 태생적으로 계몽적 성격을 띤다. 근대 담론이 형성되던 일제강점기 조선에서는 그 성격이 더욱 농후하다. 독본은 『國民小學讀本』(1895) 이래 제도적 의미와 표준적 의미를 갖는 교과서로서의 역할을 담당하였고, 근대 지知를 보급한다는 목적 아래 단일하지 않은 성격의 텍스트가 혼종되어 있었다. 또한, 독본에 실린 글들은 읽기의 전범일 뿐만 아니라 쓰기의 전범이기도 했다. 즉, 독본이라는 형식을 띠고 있는 책들은 우선 그 안에 담긴 지식과 사상을 흡수하게 하려는 의도를 지니지만, 그와 동시에 선별되거나 창작된 글들은 그 자체로 문장 형식의 전범이 된다는 점에서 자연스럽게 쓰기 방식을 습득하게 하는 역할을 담당했던 것이다.

근대 독본은 교육과 연계되는 제도화의 산물임을 부정할 수 없다. 특히 읽기와 쓰기의 규율을 제공한다는 점에서 문범화의 기초를 제공한다. 이와 같은 제도화 및 문범화란 독본의 편제 그 자체를 통해 독자에게 내용을 전달하는 방식을 만들어 냈다. 그런데 적극적인 의미 부여나 해설을 통해 '사회적으로 의미 있는' 영역임을 할당·배분·강조하는 양상이 1920년대 이후부터 뚜렷해진다. 실제로 1920년대 독본의 양상은 근대적 글쓰기 장場에서 하나의 문범文範 혹은 정전正典을 제시함으로써 넓은 의미의 근대 지知를 전달하는 표준적 매체로 기능하는 데 그치지 않고, 자기갱신을 통해 철자법, 교육령, 성장하는 대중독자와 적극적으로 교직하면서 문학적 회로回路를 개척해 나갔다.

한편 독본은 그 자체로 당대 독자들의 욕망을 재구성한 대중적 양식이다. 특히 구성되고 확산되는 방식에 있어 더욱 대중적이다. 이는 독본이라는 텍스트가 갖는 생산성이라 명명할 수 있을 것인바, 텍스트가 궁극적으로 창출하는 문화·상징권력까지도 포함한다. 또한 독본이란 역사적으로 볼 때 새로운 학문이나 분야를 축조하는 문화적 양식이라고 할 수 있다. 축조의 과정은 텍스트의 구성 과정과 더불어 독본의 반영성을 드러내 준다. 정전正典, canon의 문제가 야기되는 것도 바로 이 지점이다.

이렇듯 독본讀本, 나아가 작법作法 및 강화講話류는, 역사적으로 특수한 여러 문화 지형들을 반영하고 있으며, 일제강점기 근대에 침전된 다양한 정치적·문화적 위계의 흔적들을 보존하고 있다. 문학 생산의 조건, 문학의 사회적 위상, 나아가 문화의 동학動學을 텍스트 안팎의 형식으로 우리 앞에 제시한다. 이것이야말로 독본이라는 창窓이 갖는 근대문화사적 의미다. 독본이라는 창窓을 통해 일제강점기 근대를 살피면 텍스트 자체의 방대함 이면에 숨은 근대의 다종다기한 모습을 만나게 된다. 어떤 점에선 방대하기 이를 데 없으며, 또 어떤 점에서는 지엽적일 뿐인 여러 지점들은 문화론적 지평 안에 호명되는 순간 하나하나의 의미로 재구성된다.

이번에 추가하는 세 권의 총서는 4년 전 출간한 것과 색다른 점이 있다. 1차분이 '좋은 문장'을 기준으로 선별된 문학의 전사前史를 보여 준다면, 2차분에서는 다양한 기준으로 분기된 독본의 진화 양상을 문화사文化史의 맥락에서 확인할 수 있다. 3차분은 해방 이후 독본 가운데 새로 발굴한 것과 아직 학계에 널리 알려지지 않은 것들을 우선 엮었다.

그 사이 '근대 독본'에 대한 관심이 높아지고, 관련 연구도 늘었다. 문학작품이나 신문 잡지 너머 떠돌아다니던 텍스트들이 근대 출판의 측면에서, 근대적 서간의 측면에서 다뤄지고 있다. 나아가 해방 이후의 독본 자료를 본격적으로 정리하기에 이르렀으며, 문학교육이나 근대의 교과서를 다루는 장에서도 주목받고 있다. 모쪼록 새롭게 추가된 총서가 이러한 연구에 작은 보탬이 되었으면 한다.

2015년 5월

구자황·문혜윤

朴泰遠 編

해제

『중등문범』과 박태원의 문장론, 문장 의식

　박태원의 『중등문범』은, 본 근대독본총서에 포함된 정인승의 『한글독본』과 함께 정음사 『부독본총서』 중의 한 권으로 1946년에 간행되었다. 정음사 『부독본총서』는 "교재난을 타개키 위하여(최영해, 「사축동잡록」, 『근대서지』 9호, 근대서지학회, 2014.6, 148쪽)" 기획된 것으로, 전체 6권으로 구성되어 있다. 해방기 국어 교과서의 부족과 급조 사태를 감안하였을 때, '부독본'이긴 하지만 '교과서의 보조 수단' 이상의 의미를 지니고 있었을 것이다. 부독본총서 1권은 『한글독본』(정인승), 2권은 『우암선생계녀서』(이재욱 서), 3권은 『조선시조집』(최영해), 4권은 『조선속담집』(김원표), 5권은 『조선어철자편람』(김병제), 그리고 마지막 6권이 『중등문범』(박태원)이었다.

　박태원은 소설가로서, 해방 이전부터 독특한 모더니즘 소설을 써 이름을 날렸다. 정음사 『부독본총서』를 구성하고 있는 집필·편집자들은 조선어학회와 인적 연관을 갖는데, 정인승, 김원표, 김병제는 해방 후 재건된 조선어학회에서 간사 혹은 부원으로서 학회의 직무를 맡았던 인물들이며, 이재욱은 조선어학회 간사였던 이

희승과 경성제대 동문으로, 일제강점기 '조선어문연구회'의 일원이자 해방 이후 초대 국립도서관장을 지낸 인물이다. 최영해는 조선어학회의 간사인 최현배의 맏아들이자, 일제강점기 최현배가 자신의 책을 출간하기 위해 설립했던 정음사를 다시 일으켜 해방 후 출판 사업에 맹진한, 정음사의 사장이다. 조선어학회를 둘러싼 인적 연관과 비교해 볼 때, 박태원의 책이 정음사 『부독본총서』에 포함되었던 이유는 그리 분명하게 드러나지 않는다. 최영해는 연희 전문 시절부터 아버지를 도와 정음사 운영에 관여하였지만, 또 한편으로 수필을 쓰는 문학청년이기도 했다. 그의 작품은 『삼사문학』(1934)에 실렸다. 박태원 번역의 『수호전』(1948~1950)과 『삼국지』(1950)가 정음사에서 간행되었고, 박태원의 월북 이후 최영해의 이름으로 『삼국지』 간행이 이어졌는데, 『중등문범』과 『중등작문』은 그보다 먼저 정음사에서 발행된 책인 것이다. 박태원과 최영해가 친구 사이였다는 이야기도 있으나, 책 출간 이전의 친분 관계로 정음사에 책이 발간된 것인지, 책 출간 이후에 쌓인 친분인지, 선후 관계가 분명치 않다.

박태원의 『중등문범』에 보다 직접적으로 영향을 미친 인물은 이태준이다. 이태준은 박태원을 구인회로 이끌었을 뿐만 아니라, 그의 작품에 대해 지지와 애정을 보였던 인물이다. 이태준은 해방 이전 이미 『문장강화』(문장사, 1940)라는 굵직한 문장작법 책을 출간한 바 있다. 박태원도 문장을 중시하는 작가로서의 면모를 드러냈지만, 해방 이전 『조선중앙일보』에 연재한 「표현·묘사·기교」(1934) 이외에는 주로 작품평 위주의 짧은 글들만이 남아 있었다. 해방 이후 중등 교과용 도서를 목적으로 간행된 『중등문범』(1946)과 『중등작문』(1948)이 박태원 문장론의 집성이라 할 수 있다. 『중등문범』이

朴泰遠 編

작품의 구절들만을 따서 묶은 문범집이라면, 『중등작문』은 작문에 대한 박태원의 생각이 『문장강화』처럼 강화(講話: 강의하듯 쉽게 풀어서 한 이야기)의 형태로 기술된 책이다. 문장 짓기의 방법을 설명하고 그에 대한 인용문을 나열하는 식이다. 『중등작문』은 그간 박태원 연보에서 존재가 제대로 드러나지 않았으나, 최근 『근대서지』 9호(2014 상반기)에 영인되어 실렸다. 『중등문범』과 『중등작문』은 상호 보완적인 텍스트로서, 함께 살피는 것이 박태원의 문장 의식을 파악하기에 용이하다.

『중등작문』의 목차에는, 글쓰기의 방식을 가르치는 것과는 동떨어진 '제2 가을'이라는 부분이 존재한다. 제1 말과 글, 제3 마음의 표현, 제4 진실, 제5 삼다주의, 제6 사생, 제7 관찰, 제8 묘사, 제9 구두와 부호, 그리고 제10부터 제17까지 기사문, 서사문, 서정문, 감상문, 기행문, 서간문, 해설문, 평론문 등의 장르별 글짓기 방식을 서술하고 있는데, 유독 '제2 가을'에서만 가을의 '하늘', '향기', '풍미', '풍물'과 관련되는 작품 5편이 인용되어 있다. 이 중 4편이 『중등문범』에 사용된 예문과 동일하다. 다른 부분에서도 『중등문범』에서 사용된 것과 동일한 예문이 많이 발견된다. 『중등작문』에서 돌출되는 목차의 이질성은 『중등문범』과 연관되는 문제인 듯하다.

『중등문범』에서 사용된 예문들에도 계절과 관련되는 것들이 많이 있다. 박태원이 여러 문인들의 작품(소설과 수필의 비중이 높으나, 시에서도 채택되었다)에서 전체, 혹은 문장 일부를 선별하여 모은 것들이다. 박태원의 편찬 의도를 알 수 있는 '일러두기'나 '서문' 등이 없고, 판권지도 존재하지 않는다. 책 겉표지에 '정음사 1946'이라고 표시되어 있을 뿐이다. 작품들만 묶인 형태이기 때문에 목차의 분류 기준을 통해서 박태원의 의도를 유추할 수밖에 없다. 『중등문범』은 제1부와 제2부로 나뉘어져 있고, 제1부는 긴 글 위주의 작품들이 나열되어 있는 반면, 제2부는 짤막한 몇 개의 문장들을 소재별로 분류하여 싣고 있다. 제2부의 소제목은 '봄, 여름, 가을, 겨울'의 사계절, '해·달·별·하늘·구름'의 자연물, '새벽·아침·낮, 저녁·밤'의 시간, '비·우뢰·바람·눈·서리·얼음'의 자연 현상(날씨), '바다·배·섬·항구·강' 등의 물, '거리·길·공원·산·들' 등의 장소, '집·촌락' 등의 주거지, '기차'와 같은 교통수단, '산책·유산·등산' 등의 소요(逍遙), '장마·가물·큰물·불' 등의 천재지변, '생활·근로·가난·병' 등의 생사고락의 범주로 이루어져 있다. 이러한 구분은 별다른 소제목 없이 글만 묶인 제1부의 글에도 그대로 적용할 수 있다.

예를 들어, 「4월」, 「서울의 봄」, 「봄밤」, 「초하풍경」, 「신록」, 「고향의 가을」, 「추과삼제」, 「낙엽」, 「눈 내리는 밤」, 「만주 벌판에 눈 내릴 때」 등은 봄, 여름, 가을, 겨울의 풍정을 다룬 글이며, 「청량리」, 「마포」, 「근교」 등은 자연을 완상하거나 산책할 수 있는 교외의 풍경을, 「비로봉을 오른다」, 「도봉」, 「삼 방협」, 「산」 등은 산을 오르는 탐승(探勝)의 정취를, 「동해안」, 「물」, 「바다」 등은 일상을 벗어난 곳으로서의 물에 대한 생각을, 「박·고추」, 「전원의 낙」, 「회향」, 「전원생활」 등은 고향이나 전원에 대한 향수를, 「파초」, 「국화」, 「나팔꽃」, 「수선」 등은 취미와 여기(餘技)로서의 식물 기르기를, 「연」, 「청령」 등은 동심을 떠올리게 하는 놀이를, 「불」, 「큰물」 등에서는 자연재해를, 「입원한 날」, 「주검」 등은 병과 죽음의 인간사를, 「빈촌」, 「가난」 등은 가난의 문제를 다룬 글이다. 제1부와 제2부에서 뽑힌 글들의 기준이 길이의 차이가 있을 뿐 동일한 것이었다고 할 수

朴泰遠 編

있다.

　박태원이 이러한 글들을 문범으로 뽑은 의도를 짐작해 보자면, 사계절의 변화와 그에 따른 자연의 묘사 등을 감정의 섬세함뿐 아니라, 그러한 감정을 바탕으로 작성되는 문장의 섬세함을 담보할 수 있는 유효한 도구로 인식하였던 것이라 할 수 있다. 이러한 문장들을 제대로 읽고 감상한 사람은 『중등작문』에서 언급한 "진실"에 위배되지 않은 글을 짓게 될 수 있을 것이다.

　박태원의 『중등문범』은 그동안 접근이 쉽지 않았던 박태원의 문장론, 문장 의식을 추출할 수 있는 중요한 이정표가 될 것이다.

目 次

朴泰遠 編

中等文範

中等文範

中等文範

第二部

中等文範

朴泰遠 編

中等文範

中等文範

朴泰遠 編

第一部

四月

　사월(四月)은 하늘 그리운 시절이다. 인왕산(仁旺山) 등성이에 걸려 있는 구름이 연기같이 새빨갛게 타오르는 저녁 하늘 밑, 흰 꽃 푸덕푸덕 매달린 감나무 그늘 아래, 멀리 떠나간 옛날이 다시 돌아올 것 같은 밤하늘에서는 지상(地上)의 인간(人間)과 천국(天國)의 시(詩)의 세계(世界)가 서로 결합(結合)된다.

　나는 늦은 봄 어느 밤, 부디칠 듯이 가까이 있는 두 개의 별을 보았다. 하나는 山속 호수(湖水)빛같이 푸르고, 또 하나는 타는 불꽃보담 더 붉은 것이었다.

　다시 새봄은 고향(故鄕) 그리운 달.

　인간의 가장 그윽한 마음이 먼 옛날의 추억(追憶) 속에 아름다운 꿈을 구한다. 삘딍의 높은 창틀 위에 놓여 있는 보잘것없는 한 개 꽃분이 포도(舖道)를 걸어가는 젊은 사람들에게 가지가지 화려(華麗)한 공상(空想)의 나래를 펼쳐 줄 것이니, 그들은 부모를 생각할

것이오, 형제를 생각할 것이오, 떠나온 옛 고향을 그릴 것이다.

과연, 봄날의 꽃은 추억(追憶)의 심볼이다. 나는 남국(南國)인 내 고향 새못가에 우거져 핀 자주빛 이름 모를 꽃들을 보고 그것이 옛적 이 땅에 살던 아름다운 귀인(貴人)들의 혼(魂)이 재생(再生)한 것이 아닌가 생각하던 것을 기억(記憶)한다.

그 귀중(貴重)한 정경(情景)은, 만약 내가 화가(畫家)이었더면 즉시 그것을 종이 위에 옮겨 놓지 않고는 못 배길 만큼, 지금까지 분명하게 가지가지 아름다운 색채(色彩)와 이상한 감흥(感興)을 가지고 내 눈앞에 전개(展開)되는 것이다.

사실, 그 자주빛 꽃ㅅ잎들이야말로 나의 일생(一生) 동안 감상(感傷)을 지배(支配)하는 최초(最初)의 임자가 아니었을까. 그리하여 이렇듯 꽃 필 시절이 오면, 고향의 옛날 폐허(廢墟) 향기(香氣)에 동경(憧憬)하는 것도 모두 그 자주빛의 정기(精氣)가 내 마음을 끌어 다니는 것이 아닐까.

사월은 하늘 그리운 달. 새봄은 고향 그리운 시절.

(張德祚 "四月의 하늘"에서)

서울의 봄

　서울의 봄은 눈 속에서 온다.

　남산(南山)의 푸르던 소나무는 가지가 휘도록 철겨운[1] 눈ㅅ덩이를 안고 함박꽃이 피었다.

　달아나는 자동차와 전차들도 새로운 흰 지붕을 이었다. 아스팔트 다진 길ㅅ바닥, 평퍼짐한 삘딩 꼭지에 시포(屍布)가 널렸다. 가라앉은 초가집은 무거운 떡가루 짐을 진 채 그대로 찌그러질 듯하다. 푹 꺼진 개와골엔 흰 반석이 디디고 누른다. 삐쭉한 전신주도 그 멋갈없이[2] 큰 키에 잘 먹지도 않은 분을 올렸다.

　이 별안간에 지은 흰 세상을 노래하는 듯이 바람이 인다. 은가루, 옥가루를 휘날리며 어지러운 흰 소매는 무리무리 덩치덩치 흥(興)에 겨운 잦은 춤을 추어 제친다. 길이길이 제 세상을 누릴 듯이.

　그러나 보라! 이 사품[3]에도 봄 입김이 도는 것을.

---

1) (엮은이) 철겹다: 제철에 뒤져 맞지 아니하다.
2) (엮은이) 멋갈없다: '멋없다(격에 어울리지 않아 싱겁다)'의 잘못.

한결같은 흰 자락에 실금이 간다. 송송 구녕이 뚫린다. 돈짝만 해지고, 쟁반만 해지고, 대님만 해지고, 당기만 해지고…… 그 언저리는 번진다. 자배기만큼 검은 얼굴을 내놓은 땅바닥엔 김이 무렁무렁 떠오른다.

겨울을 태우는 봄의 연기다. 두께두께 얼은 청계천(淸溪川)에서도 그윽한 소리 들려온다. 가만가만 자최 없이 기는 듯한 그 소리, 사르를사르를 집오리에 풀물이 스미는 듯. 이따금 그 소리는 숨이 막힌다. 험한 고개를 휘어 넘는 듯이 헐떡인다. 그럴 때면 얼음도 운다. 찡 하며 부서지는 제 몸의 비명(悲鳴)을 친다. 언 얼음이 턱 갈라진 사이로 파란 물ㅅ결은 해ㅅ빛에 번쩍이며 제법 졸졸 소리를 지른다.

축축한 담 밑에는, 눈을 떠 이고 푸른 풀이 닷분4)이나 자랐다.

끝장까지 보는 북악(北岳)에 쌓인 눈도 그 사이 흰 빛을 잃었다. 석고색(石膏色)으로 우중충하게 흐렸다. 그 위를 싸고도는 푸른 하늘에는 벌서 하늘하늘 아지랑이가 걸렸다.

봄은 왔다. 눈길, 얼음 고개를 넘어 서울의 봄은 순식간에 오고 만 것이다.

(玄鎭健 "赤道"에서)

---

3) (엮은이) 사품: 어떤 동작이나 일이 진행되는 바람이나 겨를.
4) (엮은이) 닷분: 다섯 푼, 한 치의 반을 이른다.

봄밤

나무가지마다 밤 속에서 속삭인다. 봉오리 트이는 고요한 숨소리 땅 우에 따스하다. 검은 시절(時節) 속에 담겨 온 생명(生命)의 소리다. 겨울 밑에 잠겼던 새 이야기들이 머리를 든다.

곁에서 흰 몸이 솔솔 나려간다. 그 소리 나를 끌어 언덕을 그립게 하고, 나무에 의지하게 한다.

별이 까만 공간(空間)에 흑색(黑色)에 가깝도록 깊다. 물먹은 땅도 어둡고 침침하다. 만물(萬物)이 수분(水分)과 함께 움직인다. 바라던 바 새 바구니에 새 양식을 가져다 뿌려 준다.

밤이 덮인 땅 우에 밤은 광명(光明)을 안고 돌아간다. 들어오는 휘파람의 연음(軟音)이 오랫동안 윤(輪)을 그리다 사라진다. 사람들은 이런 밤에 촉촉한 땅 우에 서서 저를 호소한다, 느낀다.

사방이 문득 잠잠해졌을 때, 나무들의 숨ㅅ결 소리 속에 내 몸이 섞여져서 더운 입김을 토하고 앉았다.

깨끗한 숲에 무슨 윤리(倫理)가 있으랴? 나는 이 밤이 향(香)처럼 친하고 싶어 흙 묻은 내 발을 씻어 보고, 규률(規律) 없이 동무 되는 심기(心氣)를 이 밤 속에 던져 본다. 나는 새로운 불안(不安)을 느낀다. 내가 촌보(寸步)도 옮길 수 없는 절뚝발이 모양으로 이렇게 움직일 수 없음이 무슨 까닭일까? 결코 내 다리가 병신이 아니다. 마음의 규률(規律)을 저에게 빼앗긴 것처럼 불안스런 긴장이다. 불안을 느끼는 데는 마음에 덮인 허물을 버리는 데 있다. 버리는 데는 반성(反省)이 요구(要求)되고, 반성은 자기의 됨됨이 어떤지 해부를 필요로 한다. 수목(樹木)이 신(神)의 진실(眞實)을 흡수(吸收)하고 생명(生命)의 부활(復活)을 활발히 공작(工作)한다.

잎사귀는 본시 진실(眞實)에서 출발하여, 푸름을 띄고 피어 간다. 푸른색(色)이나, 혹 피어 가는 것을 자랑으로 여기지 않는다. 그렇다면 그는 병든 잎이다. 푸른빛을 자긍(自矜)할 때, 푸른빛은 거기 있지 않다. 자기가 진실하면 어디서든지 같은 유(類)의 진실(眞實)이 있어 피게 하고, 즐겁게 할 것이다.

나는 어리석어, 인생(人生)이 모두 허황(虛荒)하여, 나의 장성(長成)을 방해한다고 생각하고 살아가는 때가 많다. 내가 피지 못하는 것은 다른 조건(條件)에 그 해석을 무겁게 붙인다. 봄 나무가지에 치마를 시치기 부끄러운 일이다. 봄은 밤 속에서 자란다. 나무와 풀과 흙들이 이 속에서도 웃고 혼들리어 조화(調和)되고 자라간다. 흙냄새에 취한 나를 깨우고 싶지 않다. 나는 좀 더 뼈까지 사무칠 이야기들을, 이 밤 이 숲 속에서 듣고 싶다.

(毛允淑 "봄밤")

朴泰遠 編

初夏風景

하늘

첫여름의 맑은 하늘은, 흰 구름이 있어도 없어도 잔디 우에 누어서 우러러볼 때, 머언 나라, 아지 못하는 나라, 좋은 나라를 동경(憧憬)하게 됩니다. 그 새벽역에, 희끄스름한 달을 치어다보며, 천막(天幕)을 걷어들고 지평선(地平線)을 넘는 아라비아 사람들의 생활(生活)도 동경하게 됩니다.

빨래터

운치(韻致)스럽습니다. 깨끗한 옷들을 입고 늙은이 젊은이 섞여 앉어, 비록 잠시(暫時)일지라도 인간고(人間苦) 잊고, 푸른 하늘 뜨

거운 볕 아래 검붉은 얼굴들을 진열(陳列)하여 놓은 빨래터의 첫여름 풍경(風景)─

딴 때는 소란(騷亂)한 방망이 소리도, 이때는 귀여웁고 듣기 좋습니다.

맥고자

일제이 여름옷들을 가든히 입고 길거리를 활보(闊步)하는 모양은 매우 보기 좋습니다.

우리 젊은이에게 꼭 맞는 여름 모자로는 오직 맥고자가 있을 뿐입니다. 만약 다행(多幸)스럽게도 바람이 불어 그대의 모자를 날리는 일이 있다 합시다. 오랜동안 가물어 먼지만 폴삭어리는 아스팔트 위를 보기 좋게스리 떨떨떨떨 굴러가는 불운(不運)한 맥고자의 광경은, 천진(天眞)한 도회인(都會人)의 자주 맛볼 수 없는 기쁨을 자아낼 것입니다.

태극선(太極扇)

아직 모기장은 일습니다. 몇 마리의 모기는 태극선(太極扇)과 담배 연기로 쫓아 버리기로 하고, 우리 벼개를 높이 하고 바람 잘 들어오는 마루에 누어, 몇몇 친구들의 험담(險談)이라도 하여 보지 않으시렵니까.

냉면(冷麪)

    차차 더워지면 평양 명물(平壤 名物)인 이 음식(飮食)이 우리의 타선(唾線)을 자극(刺戟)합니다. 맛도 묘(妙)하거니와, 그 우에 소복히 없힌 각종(各種) 고명이, 참말 보기에 좋지 않습니까.

(朴泰遠)

新綠

朴
泰
遠
編

　우리 집 뜰에는 개나리도 있고, 앵두나무도 있고, 별의별 화초가 다 있고, 뜰을 거의 덮을 만한 큰 살구나무도 있었다.

　중학교에 들어간 해 여름이었던가 보다. 며칠 동안 병으로 누웠다가 오래간만에 일어 앉아서 쌍창 밖을 내다보니, 어느 틈에 비가 오다 멎었는지, 한창 신록(新綠)이 무르녹은 뜰 안의 초목(草木)들이 비에 씻겨 연연한 색갈을 띠고 뻗어 나듯 늘어져 있다. 한없이 청증(淸澄)하고 신선(新鮮)하고 아름다웠다. 오래간만에 보는 바깥세상의 이 씩씩한 풍경을, 나는 얼마 동안 얼빠진 듯 바라보았다. 여러 날 병에 시달린 나는, 이 무성(茂盛)한 식물(植物)에서 홀연이 생(生)의 힘찬 것을 느꼈다. 신록의 싱싱한 냄새가 전신에 속속들이 스며드는 것 같았다. 나는 내 몸의 쇠약한 것도 잊고, 벌떡 일어서고 싶은 충동(衝動)을 느꼈던 것이다. 이것이, 내가 신록을 보고 느낀 가장 큰 감격(感激)이었다.

(鄭玄雄)

바다

어제 오늘로 바다 생각이 몹시 난다. 홀쩍 날아가고 싶도록 바다가 그리워진다. 날이 더워져서 그런 것만도 아닌 것 같다. 질식(窒息)을 할 것 같은 내 심경(心境)의 요구(要求)일는지도 모른다.

눈앞을 첩첩이 막는 지붕, 지붕들을 차 버리고, 내 눈은 시방 하늘을 본다. 가없는 하늘을 쳐다보고 있는 동안, 어느 틈엔가 그것은 바다로 변한다. 내 마음은 금방 휘파람이라도 불 것처럼 가벼워진다. 바다는 언제나 나의 그리운 고향(故鄕)이다. 바다는 늘 너그러웠다. 바다는 늘 헤아릴 수 없이 깊었다. 바다는 늘 진중하였다.

친구야, 마음이 곤하거든 나와 손을 잡고 우리, 바다로 가자. 이제 칠월(七月)의 태양(太陽)이 그 우에 빛나면 바다는 얼마나 더 아름다우랴. 푸른 바다를 내다보고 앉았으면, 말이 없어도 좋다. 모든 조고만 생각에서 어지러운 일들에서 떠나, 잠간 해방(解放)이 되어도 좋지 않으냐.

이 여름에는 천하없어도, 내, 바다를 찾어가리라. 머지않아 여름 방학이 될 게다. 그러면 조카들의 짐을 싸 주고는, 이어서 해변(海邊)으로 갈 나의 행장(行裝)을 차릴 작정이다. 동해(東海)도 좋고 서해(西海)도 좋다. 그때의 형편을 따라 할 것이로되, 어쨌던 나는 휘파람을 불며 짐을 쌀 게다.

지금부터 내 마음은 원족(遠足)날을 받은 소녀(小女)처럼 뛴다. 등대(燈臺)들이 희게 보이는 바다를 내다보면, 내 답답한 가슴속이 단박에 시원하여질 것 같다.

비가 한줄기 오시려나, 부쩍 무더워진다. 옷이 몸에 휘휘 감기고, 모시 적삼에 땀이 번진다. 오후의 피곤을 싸고, 온몸이 호줄군해지려는 것 같다.

어서 바다로 갈 날이 와야겠다. 그래 푸른 바다를 보며, 넓은 바다를 보며, 마음을 씻어 물속의 생선처럼 싱싱해져 와야겠다. 흰 등대가 바라보이는 마을—나를 기다리는 어느 조고만 어촌(漁村)이 있으리라.

(盧天命)

朴泰遠 編

소내기

　동편 "흑성산" 쪽에서 난데없는 매지구름5)이 둥둥 떠돌더니 우루루— 하는 천둥소리와 함께 소내기가 새까맣게 묻어 들어온다. 미구에, 높은 바람이 휘— 돌아들자 주먹 같은 비ㅅ방울이 뚝! 뚝! 듣더니만, 고만 와— 하고 정신을 차릴 수 없이 한줄기를 퍼붓는다.

　이제까지 조용하던 천지는 갑자기 난리 난 세상같이 소란하다. 들에서 일하던 사람들이 헐헐 느끼며 뛰어 들어온다. 낙수ㅅ물이 떨어져서 개울물같이 흘으고 황토ㅅ물이 또랑이 부듯하게 나간다. 앞 논의 벼ㅅ잎과 마당ㅅ가에 있는 포푸라나무 잎새가, 비ㅅ방울을 맞는 대로 까땍까땍 너울거린다. 그러는 대로 우— 와— 소리를 친다.

　—그러자 어느 틈에 가는 비로 변하여 솔솔 뿌리더니, 그것도 마침내 그치고, 씻은 듯한 맑은 하늘이 되었다.

(李箕永 "民村"에서)

---

　5) (엮은이) 매지구름: 비를 머금은 검은 조각구름.

故鄉의 가을

朴泰遠 編

갑자기 생각난 것처럼 솨— 비가 쏟아진다. 비는 오면서도 바람한 점 없고 무더웁다. 우환(憂患) 중에 방은 누기가 차, 아침에 군불을 때서 흡사 한증(汗蒸)가마 속이다. 뚫린 구들 구멍에서 훈김이 훅훅 치닫는다. 얼굴로 등으로 온 전신에서 샘물 솟듯 땀이 솟는다.

비ㅅ줄기가 이번에는 갑자기 뚝 그치면서 언제 비가 왔더냐는 듯기 쨍쨍 볕이 쪼인다. 요전번에 호우(豪雨)가 있은 뒤로, 날은 줄곧 이렇게 지짐거린다. 다 늦게 장마라니 부지럽다. 지지리도 가물어 한참 때 모를 못 내게 해 놓더니, 공연한 객수(客水)다.

날이 지짐거려 좋기는 콩뿐이다. 뒤울안6)에다 화초 삼아 던진 콩 포기가 여간 탐스러운 게 아니다. 콩은 콩ㅅ잎 끝에 노 물이 댕강댕강 들어야 잘된다는 것이다. 검푸른 콩 포기에 함빡 비가 젖어 흐트러진 것이 보기에도 시언하다.

---

6) (엮은이) 뒤울안: '뒤란(집 뒤 울타리의 안)'의 본말.

저 콩 포기에는 한가락 향수(鄕愁)가 어리었다. 밤콩이라고 맛이 밤 맛같이 달고 알이 유난히 굵은 콩으로, 해마다 가을이면 고향 집에서 조금씩 보내 주어, 두고 별미로 먹던 것을, 한 주먹 남겼다 뿌렸더니 저렇게 무성히 자란 것이다.

콩밭에 수수가 길로 자라고 콩 포기가 저렇게 우거질 무렵이면, 고향에도 벌써 가을이다. 바람도 높고 하늘도 높고, 높은 하늘에서 밤이면 은하수(銀河水) 머리가 서쪽으로 넌지시 기운다. 높다랗던 원두막이 벼 이삭 숙기 시작하는 논두던으로 옮아와, 새막이 된다. 우여라, 워여라, 새 보는 소리, 곧, 풍년가(豊年歌)의 한 토막이다.

올벼(早稻)를 비어다 털어서 시루에 쪄서 올예쌀을 작만하여 밥을 짓고, 나물과 햇과실을 고여 놓고 올예 식례를 지낸다. 신명(神明)과 조상(祖上)께 올리는 신곡감사제(新穀感謝祭)다. 형세 따라 잘 차리고 못 차리고는 하여도, 집집이 궐하지 않고 다들 차린다. 올예쌀은 집에서 작만도 하지만, 장날 촌사람이 멱서리7)에다 조금씩 지고 들어와서 팔기도 한다. 올벼를 심지 못한 집에서는 그걸 사다 올예 식례를 지낸다.

(蔡萬植 "揷話"에서)

---

7) (엮은이) 멱서리: 짚으로 날을 촘촘히 결어서 만든 그릇의 하나.

秋果三題

朴
泰
遠
編

  감, 밤은 나무에 달려 있는 것을 보았지만, 대추 열려 있는 것은 여지껏 본 적이 없다. 감도 어릴 때, 지금의 도상(道商) 자리, 그때 과수원(果樹園)이었던 데서 두서너 나무 있는 것을 보았을 뿐이다. 주홍빛 감이 가는 가지에 주렁주렁 달려 있는 것을 보고, 하도 신기하고 아름다워 집에 돌아와서 어머니에게 신이 나서 이야기했던 기억이 있다.

  열두어서너 살 땐가, 집에 누가 가지고 왔던지 잊었지만, 감 한 섬이 들어왔다. 섬을 채 풀기도 전에 뻐개진 한 구통이에 손을 넣서, 손에 잡히는 대로 하나 끄집어냈다. 내 주먹 갑절이나 되는, 시뻘겋고 시설이 하얗게 덮인 것이, 맛이 기가 막힐 것 같다. 그래, 잡담 제하고 한입 덥석 물었더니, 온 입 안이 떨석 달러붙으면서 두 뺨이 조여들고 혀가 꼬부라져 드는 것 같아, 혼이 나서 뱉어 버렸다. 침을 담가 먹는다는 사실을 이때 비로소 알았다.

  평안도 말로는 홍시를 연시라 하고 연시를 홍시라 한다지만, 돌아가신 아버지께서 가장 좋아하시는 것이 연시이었다. 그래, 겨울 밤이면, 때때로, 끝이 뾰루퉁하고 말랑말랑한 간ㅅ덩이 같은 연시를 한 목판 사다 놓고, 온 집안 식구들이 둘러앉아서 빨아 먹었다.

대추— 대추에도 풋대추는 내가 제일 즐겨하는 과실이다. 과실이라고 부르기조차 어려울 만큼 다른 것에 비해서 맛으로나 외형(外形)으로나 초라한 것이나, 담박하고 배릿하고 이상한 감미(甘味)가 나에게는 말할 수 없이 좋다. 생김생김이 적을 뿐이지, 다부진 타원형, 그 위ㅅ두머리8)가 옴폭 파지고, 그 속에서 델리케이트한 꼭지가 불쑥 솟아 나온 꼴이 귀엽다면 여간 귀엽지 않다.

밤송이를 까 본 경험(經驗)도 한두 번밖에는 없다. 그로테스크한 밤송이 속에서 말쑥하고 기름이 흐르는 것 같은 밤알을 끄집어내는 기쁨은, 둥우리 속의 달걀을 발견하는 그때의 반갑고 신통한 그 마음과 비슷하다.

(鄭玄雄)

---

8) (엮은이) 위두머리: 우두머리. 대추의 꼭지가 있는 윗부분을 가리키는 듯하다.

박·고추

朴泰遠 編

처서(處暑)가 지나고, 백로(白露)가 지났다. 쇠를 녹일 듯한 더위도 다 가고, 이제는 아침저녁으로 선선하다. 날마다 보는 박꽃도 그 희고 청아(淸雅)한 자태(姿態)가 차차 쌀쌀해 보이고, 풀숲에서 우는 귀뚜리 소리도 냉기(冷氣)를 머금은 것 같다.

박꽃은 해질 무렵부터 피기 시작해서 밤새도록 감로수(甘露水) 같은 이슬을 마시다가, 아침 해가 떠오를 때에는 화판(花瓣)이 너울너울해지고 이내 이울어진다. 황혼(黃昏)이 되면 사면이 저녁 안개에 쌓여 몽롱한 중에 지붕과 울타리에 박만이 그 윤곽(輪廓)을 뚜렷하게 나타내고, 위성(衛星)같이 박꽃이 드문드문 에워쌓고 있는 것은, 해마다 보는 가을 농촌(農村)의 황혼(黃昏)을 상징(象徵)하는 정경(情景)일 것이다.

박이 굳은 뒤에는 우리 가정(家庭)에 필요한 기물(器物)로도 이용(利用)이 되지만, 가을 향미(香味)를 만끽(滿喫)하려면 박나물이 제일이다.

박이 아직 채 굳기 전에, 어린 박을 따서 껍질을 벗기고 착착 썰어 나물을 볶고 붉은 고추를 다져 넣어 먹으면 그 담(淡)한 맛이 가을의 미각(味覺)을 충분히 돕는다.

　고추는 우리 음식에 없지 못할 물건이다. 만일 고추가 없다면, 우선, 김장에 김치 깍뚜기가 맛이 없고, 여름에 상치쌈이 맛이 없고, 찌개가 맛이 없을 것이다. 그리고, 고추는 가을 풍경(風景)에 한 목을 단단히 본다. 집집마다 지붕에, 뜰에 널어놓은 새빨간 다홍 고추는 눈이 부시게 곱다.

　들과 산기슭에 누―렇게 익은 벼며, 지금이 만개(滿開)인 백설(白雪)같이 흰 모밀꽃들은 그야말로 금파(金派) 은파(銀波)를 이루어, 고추와 함께 대자연(大自然)이 그려 내는 오색찬연(五色燦然)한 한 폭(幅)의 풍경화(風景畫)다.

(洪祐伯)

落葉

朴泰遠 編

　가을이 깊어지면 나는 거의 매일과 같이 뜰의 낙엽(落葉)을 긁어 모으지 않으면 안 된다. 날마다 하는 일이언만, 낙엽은 어느듯 날 으고 떨어져서 또다시 쌓이는 것이다. 낙엽이란 참으로 이 세상의 사람의 수효보다도 많은가 보다. 삼십여 평(坪)에 차지 못 하는 뜰 이언만, 날마다의 시중이 조련치 않다. 벗나무, 능금나무―제일 구 찮은 것이 벽(壁)의 담장이다. 담장이란 여름 한 철 벽을 온통 둘러 싸고 지붕과 연돌(煙突)의 붉은 빛만을 남기고 집안을 통채로 초록 (草綠)의 세상으로 변해 줄 때가 아름다운 것이지, 잎을 다 떨어뜨 리고 앙상하게 들어난 벽에 매마른 줄기를 그물같이 둘러칠 때쯤 에는, 벌써 다시 거듭떠볼 값조차 없는 것이다. 구찮은 것이 그 낙 엽이다. 가령 벗나무 잎같이 신선하게 단풍이 드는 것도 아니오, 처음부터 칙칙한 색(色)으로 물들어 재치 없는 그 넓은 잎이 지름 길 우에 떨어져 비라도 맞고 나면 지저분하게 흙 속에 묻혀지는 까닭에, 아무래도 잎이 떨어지는 쪽쪽 그 뒤ㅅ시중을 해야 된다.

벗나무 아래에 긁어모은 낙엽의 산ㅅ덤이를 모으고 불을 붙이면, 속의 것부터 푸슥푸슥 타기 시작해서 가는 연기가 피어오르고, 바람이나 없는 날이면 그 연기가 얕게 드리워서 어느덧 뜰 안에 가득히 담겨진다. 낙엽 타는 냄새같이 좋은 것이 있을까. 갓이 볶아 낸 커피의 냄새가 난다. 잘 익은 가얌 냄새가 난다. 갈퀴를 손에 들고는 어느 때까지든지 연기 속에 우뚝 서서, 타서 흩어지는 낙엽의 산ㅅ덤이를 바라보며 향기로운 냄새를 맡고 있느라면 별안간 맹렬(猛烈)한 생활(生活)의 의욕(意慾)을 느끼게 된다. 연기는 몸에 배서 어느 결엔지 옷자락과 손ㅅ등에서도 냄새가 나게 된다. 나는 그 냄새를 한없이 사랑하면서, 즐거운 생활감(生活感)에 잠겨서는 새삼스럽게 생활(生活)의 제목(題目)을 진귀(珍貴)한 것으로 머리속에 떠올린다. 음영(陰影)과 윤택(潤澤)과 색채(色彩)가 빈곤(貧困)해지고 초록(草綠)이 전혀 그 자취를 감추어 버린, 꿈을 잃은 헌칠한 뜰 복판에 서서, 꿈의 껍질인 낙엽을 태우면서 오로지 생활(生活)의 상염(想念)에 잠기는 것이다. 가난한 벌거숭이의 뜰은, 벌써 꿈을 배이기에는 적당하지 않은 탓일까. 화려(華麗)한 초록(草綠)의 기억(記憶)은, 참으로 멀리 까마아득하게 사라져 버렸다. 벌써 추억(追憶)에 잠기고 감상(感傷)에 젖어서는 안 된다. 가을이다. 가을은 생활(生活)의 시절이다. 나는 화단(花壇)의 뒤ㅅ자리를 깊게 파고, 다 타 버린 낙엽의 재를―죽어 버린 꿈의 시체를―땅속 깊이 파묻고, 엄연(嚴然)한 생활(生活)의 자세(姿勢)로 돌아서지 않으면 안 된다. 이야기 속의 소년(少年)같이 용감(勇敢)해지지 않으면 안 된다.

(李孝石 "落葉을 태우면서"에서)

눈 내리는 밤

朴
泰
遠
編

내 고향(故鄕)은 눈 많이 내려 쌓이는 서도(西道) 땅,—굽이굽이
이천 리 흘러내린 압록강(鴨綠江) 물이 바야흐로 황해(黃海)와 합류
(合流)하는 강ㅅ가에서 나는 자랐다. 강 하나 건너면 이미 우리와
는 언어(言語)도 풍속(風俗)도 딴판인 곳. 나며 들며 이방(異邦) 산천
(山川)을 바라볼 때마다, 그 나라 사람들은 긴 겨울밤을 어떻게 살
어가는가가 어린 마음에 무척 궁금하였다.

겨울이 백 년(百年)같이 긴 고장이었다. 입동(立冬)과 함께 찾어온
겨울이 이듬해 사월(四月)이 되기 전에는 떼쓰고 떠날 줄을 모른다.
밤 마슬돌이는 겨울과 함께 시작되는 것이다. 질화로를 끼고 등
잔(燈盞) 아래에들 둘러앉은 마슬꾼들은, 제각기 돌아가며 옛말 추
렴을 해 가는 것이다. 구미호(九尾狐)가 꽃같이 어여쁜 색씨로 변해
서 남의 집 귀동자(貴童子)를 호리다가 간(肝)을 빼먹었다는 무시무
시한 옛말을 듣고는, 밖에 오줌을 누러도 못 나가고 쩔쩔매다가,

기어코 어른들의 웃음ㅅ감이 되면서, 주발에다 대고 오줌을 싼 것도 그런 밤의 일이다. 효녀 심청(孝女 沈清)의 이야기도 열녀 춘향(烈女 春香)의 이야기도, 유관장 삼형제(劉關張 三兄弟)의 이야기도, 모두 그런 밤에 얻어 들은 지식(知識)이다.

이야기가 자별히 재미나는 밤이면, 반드시 밖에서는 눈이 내렸다. 눈은 이야기에 끌려서 오는지도 모른다. 고요히 고요히, 발자최도 없이, 마치 전설(傳說) 속에 나오는 공주(公主)의 걸음걸이와도 같이 가분가분 걸어오는 눈이었다.

눈이 내리는 밤이면, 눈 쌓인 지붕 밑의 이야기는 더욱 고소하였다.

(鄭飛石 "거리에 오는 눈"에서)

滿洲 벌판에 눈 나릴 때

朴泰遠 編

　만주(滿洲)의 표정(表情)은 아무래도 겨울에 이르러서야 제멋을 갖추는가 보다. 그렇길레 봄이나 여름의 만주보다도 겨울의 만주가 더 큰 매력(魅力)을 가지고 우리에게 친근(親近)하여지는 것이다. 그 겨울 중에서도, 백설(白雪)로 산천(山川)을 화장(化粧)시킨 때만이 만주의 본색(本色)을 가장 제멋에 맞게 보여주는 것이었다.

　송이송이 눈 나리는 황혼(黃昏)은 무척 포근하다. 더욱이 뼈만 앙상하게 남은 해란강반(海蘭江畔)의 비도 나무에 육화(六花)가 만발(滿發)한 북국(北國)의 특유(特有)한 정경(情景)에 접(接)할 때는, 정철(鄭澈)의 시조(時調) 한 가락이 저절로 읊어진다.

　　송림(松林)에 눈이 오니 가지마다 꽃이로다,
　　한 가지 꺾어 내어 님 계신 데 보내과저,
　　님께서 보신 후제야 녹아지다 어떠리.

송림(松林)에 설화(雪花)가 만개(滿開)하였다는 이 시조(時調)를 읊
게 되면, 으레 일송정(一松亭)이 그리워진다. 일송정은 용정(龍井)
서편에 솟은 적은 산인데, 그 산 발뿌리 밑으로는 해란강(海蘭江)이
구비쳐 흐른다.

용정 거리에서 누구에게나 치어다보이는 이 일송정(一松亭)에 눈
내리는 때마다,

　　이 몸이 죽어 가서 무엇이 될고 하니,
　　봉래산(蓬萊山) 제일봉(第一峯)에 낙낙장송(落落長松) 되었다가,
　　백설(白雪)이 만건곤(滿乾坤)할 제 독야청청(獨也靑靑) 하리라.

하는 성삼문(成三問)의 시조(時調)가 저도 모르게 흥얼거려지기도
한다.

일송정 곁에 "평강(平康) 고개"라는 영(嶺)이 있다. 이 영을 넘어
서면 평강평야(平康平野)가 눈앞에 활짝 열려진다. 눈이 하얗게 쌓
인 이 벌판으로 마차(馬車)를 몰 때에는, 서백리아(西伯利亞) 설원(雪
原)을 트로이카로 달리는 듯싶은 감흥(感興)이 나서, 절로 어깨가
들먹어려지는 것이다.

이 평화 한복판에, 동고성자(東古城子)라는 정방형(正方形)의 성벽
(城壁)이 있다. 듣건대, 이 성을 고구려(高句麗) 병정이 쌓았다는 설
(說)도 있고, 혹은 여진(女眞) 군사가 쌓았다는 말도 있으나, 어느
것이 옳은지, 나 같은 과객(過客)은 그 역사(歷史)를 캐어내지 못함
을 탄식할 따름이다.

이곳에서 삼십 리가량 서편으로 가면, 이와 꼭 같은 성이 또 하
나 있다. 서고성자(西古城子)다. 어느 눈 오는 겨울 저녁, 나는 두도

구(頭道溝)를 떠나 이도구(二道溝)를 향하여 밤ㅅ길을 가던 도중에, 이 서고성자에 이르렀다. 만리장성(萬里長城)이 그렇듯이, 이 서고성자의 성벽도, 그 위에 통로(通路)가 있어 걸어 다닐 수 있게 되었다. 나는 그 위를 걸어갔다. 걸어가는 중에, 저도 모르게 옛 시조 한 가락이 입을 새어 나왔다.

　　삭풍(朔風)은 나무 끝에 불고 명월(明月)은 눈 속에 찬데,
　　만리변성(萬里邊城)에 일장검(一長劍) 짚고 서서
　　긴 바람 큰 한 소리에 거칠 것이 없세라.
　　　　　　　　　　　　　　　　(朴啓周 "黃昏에 피는 六花"에서)

清凉里

　　때때로 나는 서울을 미워하다가도, 그를 아주 버리지 못하는 이유(理由)의 하나에, 그는 그 교외(郊外)에 약간의 사랑스러운 산보로(散步路)를 가지고 있다는 점도 들어 있다.

　　산보(散步)는 군(君)의 건강(健康)에는 물론 사상(思想)의 혼탁(混濁)을 씻어 버려 주는 좋은 위생(衛生)이다. 틈만 허락하면 매일이라도 좋지만, 비록 토요일의 오후나 일요일 아침에라도, 동대문(東大門)에서 갈리어져 나가는 청량리행(淸凉里行) 전차를 잡아타기를 나는 군에게 권고(勸告)하고 싶다.

○

　　왜 그러냐 하면, 그 종점(終點)은 내가 사랑하는, 그리고 군도 사랑할 수 있는 가장 아담한 산보로(散步路)의 하나를 가지고 있는 까닭이다.

　우리는 종점에서 전차를 나려서 논두덩에 얹힌 좁은 길을 따라가면 북(北)으로 임업시험장(林業試驗場)의 짙은 숲 속에 뚫린 신작로(新作路)에 쉽사리 설 수가 있다. 세상 소리와 흐린 하늘을 피하여 우리는 숲 속에 완전히 몸을 숨길 수도 있다.

○

　군은 고요한 숲을 사랑하는 우량(優良)한 사상(思想)을 가지고 있으리라 나는 믿는다. 일찌기 아리스토텔레쓰도 그 철학(哲學)을 숲 속에서 길렀다고 하지 않는가? 숲 속이라 한 곳에 그리 높지 않은 방천(防川)이 좌우 옆에 갈잎을 혼들면서, 맑은 시내물을 데리고 길게 돌아간다.

○

　이 방천을 걸으면서, 군은 서편 하늘에 짙어 가는 놀을 쳐다볼 수가 있을 것이다. 풀잎에 맺힌 이슬방울을 손바닥에 굴릴 수도 있을 것이다. 은모래 위를 조심스럽게 흘러가는 그 맑은 시내ㅅ물에 군의 불결(不潔)한 사상(思想)을 가끔 세탁(洗濯)하는 것은, 군의 두뇌(頭腦)의 건강(健康)을 위하여 충분히 청량제(淸凉劑)가 될 수 있는 일이다.

　숲 속의 산보로(散步路)—나는 때때로 붓대를 책상 귀에 멈추고는, 생각을 그 길 위로 달리기로 한다.

(金起林)

麻浦

朴泰遠 編

　개포에는 낮닭이 운다. 기슭 핥는 물ㅅ결 소리가 닭의 소리보다 낮게 들린다. 저 위 철교(鐵橋) 아래 사는 모오터·뽀우트가 돈 많은 집 서방님같이 은회색(銀灰色) 양복을 잡숫고, 호기 뻔힌 노라리 걸음으로 나려오곤 한다. 빈 매생이가 발길에 채우고, 못나게 출렁거리며 운다.

　흰 수염 난 늙은이가 매생이에서 낚시ㅅ대를 드리우지 않는 날을 누가 보았나? 요단강의 영지(靈智)가 물 위에 차 있을 듯한 곳이다. 강상(江上)에 흐느기는 나룻배를 보면, "비파행(琵琶行)"의 애끊는 노래가 들리지 않나 할 곳이다. 떼ㅅ목이 먼저 강을 나려와서 강을 올러오는 배를 맞는 일이 많다. 배가 떠난 뒤에도 얼마를 지나서야 떼ㅅ목이 풀린다. 떼ㅅ목이 낯익은 배들을 보내고 나는 때에, 개포의 작은 계집아이들이 빨래를 가지고 나와서 그 잔등에 올러앉는다. 기름 바른 머리, 분칠한 얼굴이 예가 어딘가 하고 묻고 싶어 할 것이 떼ㅅ목의 마음인지 모른다.

배스 지붕을 타고 먼산바라기를 하는 사람들은, 저 산, 그 넘엇 산, 그 뒤로 보이는 하얀 산만 넘으면 고향이 보인다고들 생각한 다. 서울 가면 아무 데 산이 보인다고 마을에서 말하고 떠나온 그 들이 서울의 개포에 있는 탓이다.

　배들은, 낯설은 개포에서 본(本)과 성명(姓名)을 말하기를 싫여한 다. 그들은 머리에다 커다랗게, 붉은 글자로 배천(白川), 해주(海州), 아산(牙山)…… 이렇게 버젓한 본(本)을 달고 금파환(金波丸), 대양환 (大洋丸) 순풍환(順風丸)…… 이렇게 아름답고 길상(吉祥)한 이름을 써 붙였다. 그들은, 이 개포의 맑은 하늘 아래 뻘 사납게 서서 흰 구름과 눈 빨기를 하는 전기공장(電氣工場)의 시꺼먼 굴뚝이 미워 서 이 강에 정(情)을 못 들이겠다고, 말없이 가 버린다.

(白石 "麻浦"에서)

近郊

朴泰遠 編

　봄엔 누구나 그렇겠지만, 곧잘 근교(近郊)를 걷게 된다. 교제성 (交際性)이 엷은지라 근교를 걷는대도 혼자 다닐 때가 많았다. 그 래 그런지, 혼자 걷는 취미(趣味)도 또한 버리기 어려운 데가 있다 고도 생각하는 터이다. 가 본 길은, 시방 손꼽아 보니, 꽤 여러 군 데다. 혼자건, 삼사인 작반(作伴)이건, 도무지 심심해 본 기억은 없 다. 다녀 볼수록 묘하고 아름다운 곳이 실로 서울 근교라고 탄복 (嘆服)만 된다. 어느 분인지 경성(京城)은 세계 제일(世界 第一)의 승 경 도시(勝景 都市)란 말을 한 걸 보았는데, 그 말이 나한테도 그럴 사하다.

　다녀 보면 또 가고 싶은 데도 있고, 언제고 가서 살고 싶은 데도 많다. 그중에, 북한 도선사(北漢 道銑寺), 의정부 회룡사(議政府 回龍 寺), 수락산(水落山) 변두리에 있는 떡절(修德寺?)은 내 마음이 무척 끌리는 곳이다. 그러나 모두 한 번씩 가 보았을 뿐, 두 번도 못 가 본 데다.

도선사(道銑寺)는 조선중앙일보(朝鮮中央日報) 때, 백운대(白雲臺)서 우이동(牛耳洞)으로 나려오다가 잠간 들렸던 곳인데, 내가 만일 소설가(小說家)라면 온천(溫泉)보다 여기 와서 글을 쓰리라 생각했었다.

회룡사(回龍寺)는 그 이전 진달래가 한참일 적에 갔었다. 경성보육(京城保育)에 있던 때다. 절 앞 느티나무랑, 반석(盤石)과 계곡(溪谷)이랑, 어찌 마음에 드는지, 금강산(金剛山)보다도 애착(愛着)을 느끼고 노후(老後)를 이런 데서 한가(閑暇)하게 보낼 팔짜라면 하였다.

그 다음, "떡절"이란 데를 간 것도 개벽사 시대(開闢社 時代)니까 꽤 오래된다. 그때, 내 하숙 주인(下宿 主人)을 찾어다니는 보살마님 한 분이 있었는데, 자칭(自稱) "쪽집게 할멈"이라고 하면서 관상(觀相)도 해 주고 덕담(德談)도 하고 또 소리까지 잘하여, 오기만 하면 하숙의 여러 사람을 웃겨 주었었다. 그래저래, 길에서 맞나더라도 인사를 할 만큼 친해졌는데, 만날 적마다 자기 절로 놀러 오라고 권하는 바람에, 하숙 할머니랑 일동(一同)이 신록(新綠) 잡히는 오월 어느 날, 노정기(路程記)를 보면서 찾어간 것이 "떡절"이다.

망월사(望月寺) 건너편, 수락산(水落山) 골짜기에 폭 파묻힌 절이었다. 평퍼짐한 길로만 자꾸 들어가다가, 암석(巖石)이 나오고 계류(溪流)가 흐르는 기슭에 절은 있었다.

물도 좋고, 나무들도 좋고, 그보다도 바위들이 좋았다. 절 뒤로는 웬통 삽주랑, 취랑, 고비랑, 질판하게 난다. 여동생 많은 나는 나물 꺾기를 좋아해서 그때도 하숙 할머니와 꽤 많이 꺾었었다.

절 밑으로 채전(菜田)도 있고 철로(鐵路)길도 가깝고 해서, 그때, 이런 데서 묻혀 살면 오직 좋을까 하였었다.

이렇게 쓰다가 생각하니, 올봄에는 그곳들을 가고 싶은 생각이 불쑥 더 난다. "쪽집게 할멈"이 그저 살아 있는지 모르거니와, 세 군데를 못 다 가면, "떡절"만이라도 가 보겠다.

(崔泳柱)

朴
泰
遠　編

毘盧峰을 오른다

구룡연(九龍淵) 꼭대기가 나려다보인지는 이미 오래었다. 쇠사다리를 두 개나 기어올라 바위 구멍으로 들어섰다. 이것이 비사문(毘沙門)이라는 것이었다.

비사문을 나서 나려가는 길은 그처럼 어려운 줄을 몰랐다. 나려가는 것이 오르는 것보다 안 좋은 것은 아니로되, 이쯤 올러왔다 나려가면, 다시 더욱 올러가야 할 걱정이 초행(初行) 나그네의 궁거운9) 걱정이었다.

그러나 비사문을 나려와 만난 시내,—이것이 바로 구룡연의 근원(根源)인 것을 알고 보니, 나는 나려왔어도 얼마나 높이 올라왔나 알 수 있었다.

아홉 숫골은 지리하기도 하였다. 이 시내가 비로봉(毘盧峯)에서 발원(發源)한 것이라니, 비로봉 가는 길이 이 시내 두둑으로 연하

---

9) (엮은이) 궁겁다: 궁금하다.

여 뚫린 것은 그리 이상한 것이 아니었지만, 물소리를 옆에 놓고만 가니, 나는 여전히 낮은 땅에 있는 것 같았다. 그려나 나는 역시 올러가고 있었다.

무성(茂盛)한 잡목(雜木)이 하늘을 덮고 코앞에 숨박곡질하는 길을 돌아 오르며, 헐떡헐떡, 이마의 땀을 쥐어 뿌렸다. 한 걸음 두 걸음, 무거운 걸음을 옮기었다. 기진맥진, 길 굽이를 돌아 돌아 오르고 오르다, 나무ㅅ잎 트인 곳으로 넌지시 굽어보니, 수많은 봉오리가 발아래 보이지를 않는가. 기뻤으나, 그러나 머리 위로 치어다보이는 봉오리들이 아직도 많았다. 이 중에 제일 높은 봉오리 꼭대기를 가는 자의 마음은 아직도 창창(蒼蒼)한 생각이 들었다.

길의 굴곡(屈曲)이 차차 순하게 되었다. 아, 무슨 소식이 있을가 싶었다. 그러나 오르고 보니, 이름도 알 수 없는 한 고개였다. 다시 길을 나려갔다. 일껀 올러온 것이 아까운 생각이 들었다. 그러나 조금 나려가고는 차차 올러가는 것이었다. 산비탈을 타고 도는 모양이었다.

무름한 길을 자꾸 올랐다. 그러나, 잠간 나려가니 왼편으로 마의 태자(麻衣太子)의 능(陵)이란 패목(牌木)이 박히었고, 그 안에 동그란 무덤이 보였다. 능 아래에는 용마석(龍馬石) 골목 물소리가 우짖었다. 태자(太子)도 일즉 이 물소리를 들었으려니, 나는 생각해 보았다.

용마석 여관에서 돼지국을 먹고, 오 리밖에 안 되는 비로봉 꼭대기로 걸음을 재우폈다. 망망한 난장이 숲을 뚫고 위로 위로 치달았다. 전후좌우(前後左右)를 따라오던 봉오리들이 차차로 발아래 떨어지고, 눈 위에 뵈는 놈이 적어진다.

올랐다. 마침내 올랐다. 나는 지금 비로봉(毘盧峯) 위에 섰다. 서편으로 조차 흘러오는 흰 구름 떼가 발아래 푸른 봉오리 허리를 감는다. 흰 구름 저 아래 동해(東海)가 보이련만, 막막(漠漠)한 구름 밖에 찾을 길이 망연(茫然)하다.

유점사(楡岾寺)로 나려가는 위태(危殆)한 길이 일출봉(日出峯) 월출봉(月出峯) 등성이로 약하게 걸렸다. 一萬一千九百九十九峯이, 아들처럼, 아우처럼, 이 한 봉오리를 모시었고나.

동편, 저 건너, 저 아래, 꼬불꼬불 매달린 것이 비사문(毘沙門)서 넘어오는 길이었고나. 그러고 보니 나는 반달처럼 비로봉을 동에서 북으로 휘돌아 올러왔던가 보다.

서쪽 하늘에서 부연 구름이 더욱 몰려온다. 자칫하였더면 기렴사진(紀念寫眞) 한 장도 못 찍을 번하였다. 처음에는 부옇던 것이 갑자기 검애졌다. 마침내, 비ㅅ방울이 뚝뚝 떨어졌다.

좁은 차(茶)ㅅ집에서 비 한차례를 겪고는 오늘 예까지의 유일(唯一)한 동무였던 이(李) 동무와 손을 나누고, 나는 장안사(長安寺)로 나려가는 "은(銀)사다리" "금(金)사다리" 길을 밟었다.

(朴魯甲 "毘盧峯"에서)

道峰

朴泰遠 編

의정부(議政府)에서 차를 나리자, 우리는 우선 음식점(飮食店)으로 들어갔다. 점심(點心) 요기를 하고 나니 오후 세 시 반. 하늘이 퍽 흐리고 우기(雨氣)가 있다.

우리는 비 만날 것을 염려(念慮)하며 담화(談話)를 주고받으면서 밭 가운데ㅅ 길을 걸어갔다. 모래만 수북한 건천(乾川)을 건너, 마을을 지내오다 고개를 넘어, 산신당(山神堂)도 보고 길을 다시 찾어, 한 계곡(溪谷)으로 들었다.

요리조리 돌아드는 깊숙한 골짜기 물도 좋고 돌도 좋다. 옥(玉)같이 빛나는 돌, 콸콸 울리는 폭포(瀑布)와 여울, 감벽(紺碧)한 늪. 그리고 좌우로 짙은 녹음(綠陰)과 방초(芳草)—이곳을 나는 걸어가면서도, 한 발자옥 한 발자옥 띠어 놓기를 아까워하였다. 한 좁은 모퉁이를 도니, 고목(古木) 속으로 퇴락(頹落)한 와옥(瓦屋)이 보인다.

이것이 바로 이태조(李太祖)의 원찰(願刹)로 된 것이라는 회룡사(回龍寺). 앞은 시내요 주위(周圍)는 산인데, 빙 둘러 가시울타리를 하고 입문 엄금(入門 嚴禁)함을 써 붙이고서 중년(中年)이나 넘은 승수자(僧竪子)가 주지(住持)로 있으며, 바야흐로 재(齋)를 지내느라고 우리가 들어오는 줄도 모른다. 우리는 그 앞마당 바위에 앉어 반 시간이나 쉬었다.

우리는 다시 산문(山門)을 나서, 앞 시내를 건너 빙 에로 가다, 또 바른편으로 건너 으늑한 골짜기로 들었다. 또 왼편으로 건너 잡목(雜木)이 무성(茂盛)한 계곡(溪谷)으로 올러갔다. 비가 듣기 시작한다. 점점 더한다. 산ㅅ새 한 마리 아니 날으고, 산초(山草)들은 무릎 위까지 휘휘 감기고, 구배(勾配)10)는 점점 급(急)하다. 숨이 잦고, 다리는 무거워진다. 간신히 마루턱을 당하였다. 젖은 과자(菓子)를 끄내어 먹으며 좀 헐각(歇脚)을 하고, 그 등성이로 오르니 잘크막한 고개가 나선다.

우리는 침침한 송림(松林) 속으로 썩은 잎사귀 냄새를 풍기며 발을 옮겼다. 모두 침묵(沈黙)하였다. 비탈을 잡어 돌다 나리니 상치밭이 나서고, 그 넘어가 망월사(望月寺)다. 그 뒤ㅅ문으로 들어섰다. 적적(寂寂)도 하다. 법당(法堂) 마루에 짐들을 벗어 놓고 걸터앉었노라니, 학인(學人) 하나이 방에서 나온다. 날은 다 저물고, 비는 그저 줄줄 온다. 우리는 자고 가기를 청하였다.

이튿날 아침, 우리는 새들이 지저귀는 소리에 잠을 깨었다. 구름이 산기슭으로 뭉게뭉게 피어오르고, 이슬비가 부슬부슬 나린다. 개었더라면 한강(漢江)도 보고 일출(日出)도 보았을걸 하고 뜰에 나섰다.

---

10) (엮은이) 구배(勾配): 비탈, 오르막.

뒤에 우쭉우쭉한 봉만(峯巒)과, 굳게 옹위(擁衛)한 청룡(靑龍) 백호(白虎)와, 여기저기 벌려 있는 노송(老松), 기암(奇岩)과 때로 변화(變化)하는 운무(雲霧)가 오직 도봉(道峯)의 절승(絶勝)일 뿐이 아니다. 경산(京山)으로는 이만한 곳이 없으리라. 승가(僧伽)·삼막(三幕)·대성(大聖)도 안계(眼界)는 넓으나 이처럼 수려(秀麗)하지는 못하고 진관(津寬)·봉은(奉恩)도 으늑은 하나 이처럼 유아(幽雅)하지 못하다.

나는 무단히 시정(詩情)을 일으키며 이리저리 거닐었다⋯⋯

(李秉岐 "道峯山行"에서)

三防峽

　복계(福溪)서 점심을 먹는 동안, 기차는 저 유명(有名)한 검불랑
(劒拂浪)을 향하여 간다. 푹푹푹, 푸푸푸 차는 죽을힘을 다하여 올
러가기 시작한다. 그러나 그것은 사람의 걸음만도 못한 것이었다.
대자연(大自然)과 문명(文明), 자연(自然) 앞에 준동(蠢動)하고 있는
조그마한 사람의 힘, 그것은 마치 어린애의 작란과 같다. 푸푸푸
헷김 빠진 소리만 저절로 터져 나온다. 만일 이것이 동물(動物)이
라면, 전신(全身)엔 함빡 땀으로 물초11)를 하였을 것이다. 칠전팔
도(七顚八倒), 그 기어 올라가는 꼴이 마음에 마치 지각(知覺)을 가진
동물(動物)을 타고 가는 양, 안타까운 착각(錯覺)을 가끔가끔 느끼
며, 홀로 가만한 고소(苦笑)를 날려 버렸다.

　검불랑(劒拂浪), 칼을 씻어 물ㅅ결에 후리친다, 삼방고전장(三防古
戰場)과 그럴 듯 무슨 인연(因緣)이 있는 것 같은 이름이다.

---

11) (엮은이) 물초: 온통 물에 젖음. 또는 그런 모양.

삼방유협(三防幽峽)으로 쫓긴 선종(善宗)—궁예(弓裔)가 초목(草木)에 묻혀 승(僧)으로 있을 때 이름—이 주름 잡힌 이마ㅅ살과 추(醜)해진 애꾸눈을 부릅뜨며 어이없는 기막힘을 직면(直面)하여, 여성일갈(厲聲一喝) 반신(叛臣) 왕건(王建)을 목통이 터져라 하고 호령하다가, 날으는 독시(毒矢)에 외눈을 마저 맞고 마상(馬上)에서 떨어져 차타(蹉跎)하는 꼴이 보인다.

십만대병(十萬大兵)이 물ㅅ결에 휩쌓이듯, 아비규환(阿鼻叫喚), 갈 길을 잃고 삼방유협(三防幽峽)에 생지옥(生地獄)을 벌린 모양이 눈앞에 보인다.

"분수령 육백삼 미돌(分水嶺 六百三 米突)"

허연 나무에 묵흔(墨痕)이 지르르 흐르게 이렇게 씨어 있다. 기차는 지금 조선의 척량(脊梁)을 넘고 있는 것이다.

세포역(洗浦驛)을 지나니 이곳은 목장지대(牧場地帶), 면양(綿羊)을 기르고, 말을 치기에 적합(適合)한 곳이다. 어지러히 핀 야화(野花), 싱싱하게 푸른 잡초(雜草), 공기는 깨끗하고 물은 맑다. 이 가운데 말은 살지고 양(羊)은 기름지다. 그림 같은 방목(放牧)의 정경(情景)이 또한 진세(塵世)의 것이 아닌 것 같다.

다시 차는 산협(山峽)을 끼고 돈다. 일찌기 보지 못하던 천하(天下)의 절경(絶景)이다. 한 산을 지나면 한 물이 흐르고, 한 물이 구비치면 한 굴(窟)이 나온다. 캄캄한 굴속이 지리한가 하면, 어느듯 명랑(明朗)한 푸른 산이 선녀(仙女)의 치마ㅅ폭인 듯 주름 잡아 감돌아 들고, 물이 인제 다했는가 하면, 한 길이나 되는 다리 아래엔 살찐 여울이 용솟음치니 돌은 뛰어 솟고, 물은 부서져 눈(雪)을 뿜는 양 백룡(白龍)이 어우러 싸우는 듯 끊어진 언덕을 휩쓸어 어마어마한 큰 소리를 지르고 내를 이루어 달아난다.

朴泰遠 編

아이들은 박장(拍掌)하고, 나는 청흥(淸興)에 취(醉)하였다. 반복무상(反覆無常), 이렇게 삼방유협(三防幽峽)에 닿으니, 산이 감돌기 스무 번, 물여울이 포효(咆哮)하기 열아홉 번, 턴넬의 어둠이 열네 번, 천하(天下)의 기승(奇勝)을 한곳에 몰아 놓았다. 만일 십오야(十五夜) 월광(月光)을 타고 이곳을 지난다면, 달이 부서지고 금(金)이 용솟음치는 위관기경(偉觀奇景)을 한 가지 더 볼 수 있을 것이다.

(朴種和 "京元線紀行"에서)

東海岸

朴泰遠 編

　황룡산두(黃龍山頭)를 감도는 백양(白羊) 떼 같은 구름 덩이를 바라보며 안변역(安邊驛)에서 지체하기 두 시간(時間), 차는 오후 네 시 오십 분에야 안변역을 떠나게 되었다. 동해(東海)로 가는 기차! 꿈에조차 그립던 동해안(東海岸)을 이제 간다고 생각하니, 심두(心頭)에 떠오르는 양미(凉味)는 살진 유월(六月)의 녹음(綠陰)보다 더 시원하다.

　차는 남천강(南川江)을 건너기 시작한다. 삼방협곡(三防峽谷)과 석왕사(釋王寺)의 고운 정기(精氣)를 모두 싣고 둘레를 치고 구비를 돌아 유유(悠悠)히 흘러오는 이 강수(江水)—이 고운 물ㅅ결은 안변 수전(安邊 水田)에 생명수(生命水)가 되어 연산(年産) 심삼만 석(石)이라는 큰 수확(收穫)을 주지 않는가! 차는 남천강을 건너고 오계역(梧溪驛)을 지나 달리기 시작한다. 차창(車窓)으로 내다보니, 멀리 산협(山峽)을 격(隔)하여 하늘의 은하(銀河)같이 하옇게 가루막힌 것은 동해의 원경(遠景)이다.

여기서부터는 동해안 지역(地域)이다. 그러나 차는 우회(迂廻)를 피(避)하여 산중 계변(山中 溪邊)으로 질주(疾走)한다. 찔레꽃이 눈송이같이 피어 있고, 송림(松林) 사이에서는 노랑 꾀꼬리가 푸두둥 뛰어나온다. 초롱 같은 하얀 패래꽃, 뻡국초(草), 모두 볼 수가 있었다. 그러나 차가 어느듯 계곡(溪谷)을 넘어서니, 망망(茫茫)한 동해가 하늘과 함께 안계(眼界)에 벌어진다. 어느듯 상음역(桑陰驛)— 여기는 요색지대(要塞地帶)다. 촬영불가(撮影不可)라고 간판(看板)이 붙어 있다. 앞으로는 가도 없고 끝도 없는 듯한 대해(大海)의 전개(展開)—옆으로는 일소도(一小島)가 반신(半身)을 해중(海中)에 파묻고 고요히 있지 않은가.

상음역을 떠난 차가 턴넬을 두어 곳 넘어서더니, 동해를 발밑에 끼고 평행선(平行線)을 그리기 시작한다. 차창으로 손을 내밀면 동해물을 한 줌 쥐어 올 듯. 아 그립다, 파란 물ㅅ결이어! 하늘의 은하(銀河)와 합수(合水)인 듯, 구슬을 갈아 놓은 듯한 이 동해는 영원(永遠)의 청수경(靑水鏡)이라고나 할가.

금강산(金剛山)이 물ㅅ결을 비치고, 이 물ㅅ결 금강산을 비쳐, 언제나 맑은 자태(姿態)는 천하(天下)의 한 폭(幅) 그림이리라. 더구나 기변(磯邊)에 부디치는 고은 물ㅅ결—바위에 부디치며 철썩 하고 흩어지는 허연 물ㅅ결은, 하얀 찔레꽃이 바람에 지듯 고혼 구슬이 공중에 날 듯, 그 고운 동작(動作)을 멈출 때가 없다. 황해안(黃海岸)은 간조(干潮)의 차(差)가 이십여 척(尺)이나 되지마는, 동해안(東海岸)은 간조의 차가 별로 없다. 그래서 물ㅅ결은 언제나 한 모양으로 철썩거린다. 인형(人形)의 바위 우에 백진주(白眞珠)를 조각(彫刻)한 듯 고운 수포(水泡)—그 넘어로 백범(白帆)이 조는 듯이 떠 있다. 어촌(漁村)을 지나고, 해만(海灣)을 돌고, 괴암(怪岩)의 기변(磯邊)으로 평행선(平行線)을 그리며 차는 언제까지 멈출 줄을 모른다……

(盧子泳 "東海岸"에서)

朴
泰
遠
編

물

나는 물을 보고 있다.

물을 처음 보듯 보고 있다. 물은 아름답게 흘러간다.

흙 속에서 스며 나와 흙 우에 흐르는 물, 그러나 흙물이 아니오 정한 유리그릇에 담긴 듯 티 없이 맑은 물, 그런 물이 풀잎을 씻으며 조각돌에 잔물결을 일으키며 푸른 하늘 아래에 즐겁게 노래하며 흘러가는 것을, 고요히 그 옆에 앉아 바라보고 있다.

물은 얼마나 아름다운가? 흐르는 모양, 흐르는 소리도 아름답거니와, 생각하면 이의 맑은 덕(德), 남의 더러움을 씻어는 줄지언정 남을 더럽힐 줄은 모르는 어진 덕(德)이 그에게 있는 것이다. 이를 대할 때 얼마나 마음을 맑힐 수 있고, 이를 사귈 때 얼마나 몸을 깨끗히 할 수 있는 것인가?

물은 진실로 아름다운 것이다.

물은 보면 즐겁기도 하다. 그에겐 언제든지 커다란 즐거움이 있다. 여울을 만나 노래할 수 있는 것만 그의 즐거움은 아니다. 산과 산으로 가로막되 덤비는 일 없이, 고요한 그대로 고이고 고이어 나중 날 넘쳐흘러 나가는 그 유유무언(悠悠無言)의 낙관(樂觀), 얼마나 위대(偉大)한 즐거움인가. 독에 퍼 넣으면 독 속에서 그대로 땅속 좁은 철관(鐵管) 속에 몰아넣어도 몰아넣는 그대로, 답답하단 말이 없이 능인자안(能忍自安)함이 성인(聖人)과 같다.

물은 참말 성인(聖人) 같다. 어별(魚鼈)이 그의 품속에 살되 그들에게 바라는 것이 없고 논, 밭, 우물, 과수원(果樹園)으로 어머니의 유도(乳道)처럼 갈기갈기 찢기어 나가며 사람을 기르되, 더구나 사람이 그 고마움을 모르되 탓함이 없이, 그저 모르는 체 바다로 바다로 흘러가는 것이다.

오오 물의 높은 덕(德)이어!

그래 지자 노자(知者 老子)는 일즉 상선약수(上善若水)라 하였다.

(李泰俊)

朴泰遠 編

바다

바다.

바다를 못 본 사람도 있을가. 많이 있는 것을 보았다. 작년 여름에 갑산(甲山) 화전지대(火田地帶)에 갔을 때, 거기의 한 노인더러 바다를 보았느냐 하니까 못 보았노라 하였다. 자기만 못 본 것이 아니라 그 동리 사람들은 거의 다 못 보았고, 못 본 채 죽으리라 했다. 그리고 옆에 있던 한 소년이 바다가 뭐냐고 물었다. 바다는 물이 많이 고여서, 아주 한없이 많이 고여서 하늘과 물이 맞닿은 것이라고 하였더니, 그 소년은 눈이 똥그래지며,

"바다!" "바다!"

하고는 그윽히 눈을 감았다. 그 소년의 감은 세상에서 넓고 크기로 제일가는 것을 상상(想像)해 보는 듯하였다.

내가, 만일 아직껏 바다를 보지 못하고 "바다"라는 말만 듣는다면, "바다"라는 것이 어떤 것으로 상상이 될가? 빛은 어떻고, 넓기는 어떻고, 보기는 어떻고, 무슨 소리가 날 것으로 상상이 될고?

모르긴 하지만 흥미(興味) 있는 상상일 것이다. 그리고 "바다"라는 어감(語感)에서 무한히 큰 것을 느낄 것은 퍽 자연(自然)스러운 감정(感情)이라고 생각도 된다.

한번 어느 자리에서 시인 지용(詩人 芝溶) 씨가 말하기를, 바다는 조선말 "바다"가 제일이라 하였다. 우미니, 씨—니보다는 "바다"가 훨씬 큰 것, 넓은 것을 가리치는 맛이 나는데, 그 까닭은 "바"나 "다"가 모두 경탄음(驚歎音)인 "아"이기 때문, 즉, "아아"이기 때문이라고까지 말하였다. 동감(同感) 동감(同感)이다. 우미라거나 씨—라면 바다 전체(全體)보다 바다에 뜬 섬 하나나 배 하나를 가리치는 말쯤밖에 안 들리나, 바다라면 바다 전체뿐 아니라, 한 걸음 더 나아가서 바다를 덮은 하늘까지를 총칭(總稱)하는 말같이, 그처럼 크고 둥글고 넓게 울리는 것은 사실이다.

지구의(地球儀)를 놓고 보면 육지(陸地)보다도 수면(水面)이 훨씬 더 많다. 지구(地球)가 아니라 수구(水球)라야 더 적절(適切)한 명칭(名稱)일 것이다. 사람들이 육지에 산다고 저이 생각만 해서 지구라 했나 보다. 사람이 어족(魚族)이었더면 무론 수구(水球)였을 것이요, 육대주(六大洲)라는 것도, 한낱 새나 울고 꽃이나 피었다 지는 무인절도(無人絶島)들이었을 것이다. 여기다 포대(砲臺)를 쌓는 자(者)— 누구였으랴. 오직 "별주부전"의 세계(世界)이었을 것을.

벌서 팔월(八月)! 파도(波濤) 소리 그립다. 파도 소리뿐인가 하면 그렇지도 않다. 이국처녀(異國處女)들처럼 저이끼리만 짖거리되 일종(一種)의 애정(愛情)이 가는 갈매기 소리들, 이동(移動)하는 파잎올간, 기선(汽船)의 기적(汽笛)들, 그리고,

"언제 여기 오셨세요? 얼마 동안 계십니까? 산보(散步)하실가요?"

하는 오래간만에 만나는 사람들, 전차(電車)에서나 오피쓰에서 만날 때보다 모두 활발(活潑)한 소리들이다.

저녁이면 슬픈 데도 바다다. 파도 소리에 재워지는 밤엔 흔히 꿈이 많았다. 꿈을 다시 파도 소리에 깨워지는 아침, 머얼리 피곤(疲困)한 기선(汽船)은 고동만 틀고 바다는 퍽 슬프기도 한 데다.

우리의 육안(肉眼)이 퍽 먼 데를 감각(感覺)하는 데도 바다다. 구름은 뭉게뭉게 이상향(理想鄕)의 성벽(城壁)처럼 피어오르고, 물ㅅ결은 번질번질 살진 말처럼 달리는데, "허— 어떻게 가만이 서만 있는가?" 뛰어들어 비조(飛鳥)처럼 헤염치고 싶다. 샤쓰라도 벗어 기ㅅ발을 날리고 싶다. 쨍쨍한 모새밭, 새 발자국 하나 나지 않은 처녀 사막(處女 沙漠), 뛰고 또 뛰고, 내 발자국 돌아보는 재미.

"오-"

"어-"

"아-"

소리쳐도, 암만 기운껏 소리쳐도, 파도 소리에 묻혀 그 거츠른 목소리 부끄러울 리 없도다.

바다는 청춘(靑春)의 체조장(體操場).

(李泰俊 "바다"에서)

山

朴泰遠 編

　수려(秀麗)한 산맥(山脈)을 바라볼 때마다 산향(山鄕)이 몹시 그리워진다. 일에 지쳤을 때는 더욱 그러하다. 유수(幽邃)한 산중(山中)의 한적(閑寂)한 맛도 좋지만, 무성한 나뭇가지 사이로 흘러들어 오는 햇볕을 흠뻑 받으며 숲 사이 길을 한없이 걸어 보는 맛도 좋다.

　산 넘어, 산으로 산으로 한없이 먼 곳의 푸른 산맥(山脈)을 바라볼 때는, 화려(華麗)한 상상(想像)이, 오직 나래만이 꿈같이 뻗힐 뿐이다.

　산은 좋은 곳, 뭇 짐승이 모여드는 곳, 뭇 산ㅅ새들이 모여드는 곳, 그래도 조용한 곳, 향(香)그러운 곳.

(洪祐伯)

田園의 樂

경산조수(耕山釣水)는 전원생활(田園生活)의 일취(逸趣)이다.

도시 문명(都市 文明)이 발전(發展)될수록, 도시인(都市人)은 한편으로 전원(田園)의 정취(情趣)를 그리워하여 원예(園藝)를 가꾸며 별장(別莊)을 둔다.

아마도 오늘날 농촌인(農村人)이 도시(都市)의 오락(娛樂)에 끌리는 이상으로, 도시인(都市人)이 전원(田園)의 유혹(誘惑)을 받고 있는 것이 사실이다.

인류(人類)는 본래 자연(自然)의 따스한 품속에 안겨, 토향(土香)을 맡으면서 손수 열음지기를 하던 것이니, 이것이 신성(神聖)한 생활(生活)이오, 또 생활의 대본(大本)일른지 모른다.

이른바 운수(雲水)로써 향(鄕)을 삼고, 조수(鳥獸)로써 군(群)을 삼는 도세자류(逃世者流)는 좋은 것이 아니나, 궁경(躬耕)의 여가(餘暇)에 혹은 임간(林間)에서 채약(採藥)도 하고, 혹은 천변(川邊)에서 수조(垂釣)도 하여, 태평세(太平世)의 일일민(一逸民)으로써 청정(淸淨)

하게 생활함은 누가 원하지 않으랴.

　유수유산처(有水有山處). 무영무욕신(無榮無辱身).

　이것은 고려(高麗) 때, 어느 사인(士人)이 벼슬을 내어놓고 전원
(田園)으로 돌아가면서 자기 소회(所懷)를 읊은 시구(詩句)이어니와,
세간(世間) 어느 곳에 산수(山水)가 없으리오마는, 영욕(榮辱)의 계루
(係累)만은 벗어나기 어렵다. 첫째 심신(心身)의 자유(自由)를 얻어야
하는데, 심신의 자유는 점담과욕(恬淡寡慾)과, 그보다도 생활 안정
(生活 安定)을 반드시 전제 조건(前提 條件)으로 삼는다.

　그렇지 않으면 산수(山水) 사이에 가 있어도 무영무욕(無榮無辱)
의 몸이 되지 못할 것이다. 그러나 이 시구(詩句)를 읊은 그로 말하
면, 아마도 그만쯤 한 수양(修養)과 여요(餘饒)는 있던 모양이다. 아
무리 단식표음(簞食瓢飮)의 청빈 철학(淸貧 哲學)을 고조(高調)하는 분
이라도 안빈락도(安貧樂道)할 생활상 기초(生活上 基礎)가 없고서는
절대(絶對) 불가능(不可能)할 것이 아닌가.

　인생(人生)이 공부(工夫)는 고요한 곳에서 하고, 실행(實行)은 분주
한 곳에서 하는 것이 좋으나, 그러나 권태(倦怠)해지면 다시 고요
한 곳으로 가는 것이 상례(常例)이니, 전원생활(田園生活)은 이 권태
자(倦怠者)의 위안소(慰安所)이다.

　권태자(倦怠者)뿐이 아니라 병약자(病弱者)에 있어서도, 도시 생활
보다 전원생활이 유익(有益)함은 말할 것도 없다. 맑은 공기(空氣)와
일광(日光)과 달콤한 천수(泉水)는 확실히 자연(自然)의 약석(藥石)이
며, 좋은 산채(山菜)와 야소(野蔬)며 씩씩한 과실(果實)은 참말로 고
량(膏粱) 이상의 진미(珍味)이니, 이것은 전원생활에서 받는 혜택(惠
澤) 중의 몇 가지로서, 병약자에게도 크게 필요한 것이다.

　혼연작춘주(欣然酌春酒). 적아원중소(摘我園中蔬).

이것은 전원시인(田園詩人) 도연명(陶淵明)의 명구(名句)로서 이익재(李益齊)의 평생 애송(愛誦)하던 바다.

　　청복(淸福)이 있으면 근교(近郊)에 조그만 전원(田園)을 얻어서 감자와 일년감12)을 심으고, 또 양(羊)이나 한 마리 쳐서, 그 젖을 짜 먹으며 살아 볼 것인데, 그러나 이것도 분외과망(分外過望)일는지 모른다.

(文一平 "田園의 樂")

---

12) (엮은이) 토마토.

懷鄉

朴泰遠 編

　대강(大江)의 유역(流域)이란 한 굽이 도는 데마다 한 마을씩 남기는 것은 어디라도 다 같지마는, 우리 마을은 강ㅅ가이면서도 강촌(江村)과 같이 비리(卑俚)하지 않았던 것이, 나의 고향에 대한 한 개의 푸라이드이다.

　연산(連山)이 둘리기를 고형(孤形)으로 되어서, 그 산기슭에 백여 호(戶)의 동네가 살고, 그 앞에는 뽕나무밭, 조밭, 담배밭이 평야(平野)와 같이 벌어져 있는데, 다시 그 앞으로 늘어진 느티나무 방축이 하늘을 찌를 듯이 벌려 섰다. 그중에도 제일 큰 느티나무 두 그루가 방축 한가운데 서 있는데, 이것은 한 백 년이나 묵은 고목(古木)인지 여름이면 그 나무 그늘만 해도 하루 종일 볕 한번 들지 않을 만큼 큰 나무이었다. 그 나무를 우리는 당나무[13]라 부르고, 여름철에는 그 나무 밑에서 글도 읽고 놀기도 하였다. 이 방축 앞에 마치 비단

---

13) (엮은이) 당나무(堂——): 당산나무(마을의 수호신으로 모셔 제사를 지내 주는 나무).

을 빨아서 널어놓은 듯한 잔디밭. 석양 나절이 되면 그 잔디밭에서 말 달리기를 한다고 모두 옷고름을 풀어서 고삐라고 해 가지고는, 타는 사람은 업히고 게다가 마부(馬夫)까지 끼워서 말 노릇하는 아이가 당나귀 소리를 치며 달음박질을 치는 것은, 제법, 옛이야기 같기도 하다.

다시 그 잔디밭에 자갈밭이 있어서, 여름에 물이 지고 난 뒤에는 괴석(怪石)을 줍는다고 해서, 돌도 줍고, 인석(鱗石)도 주었으나, 그것은 주어다가 무엇에 썼던고? 그 앞이 바로 낙동강이라, 그러니까 뒤의 연산(連山)은 활체와 같고, 앞의 강물은 활줄과 같이 된 그 속에서 나는 자라났다.

늦은 봄철만 되면, 우리는 강에서 산다. 글은 안 읽고 놀기만 한다고 종아리 맞은 것도, 태형(笞刑)으로 친다면 십 년 역(十年役)은 때운 셈이런만, 그래도 숭어 새끼 몇 마리 잡히는 사발무지에 재미를 붙여서 미끼로 쓰는 번더기 얻으러 동네ㅅ집 돌아다니던 일을 생각하면 극성스럽기도 하였었다.

그러다가 잘 안 잡히는 숭어 새끼에 정도 떨어지고, 날씨도 더 더워지면, 그적에는 우리가 모두 고기 새끼같이 물속으로 들어가기 시작한다……

그러던 고향을 떠나온 지 또 십 년이 넘었다. 작년 가을에, 마침 남행(南行)을 하였다가 마을 부로(父老)를 한 분 만나서 고향 이야기를 물어보았더니, 작년 물에는 느티나무 방축도 반이나 떠나려갔고, 우리가 늘 멱 감던 "붉은 바위"소도 터무니없이 되었다 한다.

아직도 고향에 돌아갈 기약(期約)이 없지마는, 돌아간대야 딴 나라와 같을진댄, 차라리 내 요람(搖籃)이던 옛 고향을 인제는 내 마음의 요람 속에 간직하여 둘 수밖에 없는가 보다.

(李源朝 "懷鄕"에서)

朴泰遠 編

田園生活

　　오월이 다하고 유월도 중순이 지나자, 처음으로 우리 집에 꽃 소
식이 왔다. 맨 먼저 장독대 언저리의 채송화가 아롱이 다롱이 여러
가지 빛을 겨루며 어우러져 피었다. 송 씨네가 모종을 준 영생화도
봉오리를 맺고, 백 가지도 하얀 놈이 조래조래 열렸다. 봉선화, 백
일홍도 하마 피게 되고, 앞 울타리 밑으로는 코스모스가 반 길 넘겨
수북 자랐다. 때를 가치하여 터ㅅ밭에 농사한 채소(菜蔬)는 가난한
내 식탁(食卓)을 조금은 푸짐하게 해 주었다. 상추쌈을 먹었고, 열무
김치도 모처럼 맛보았고 아욱국에 시금치나물도 좋았다.

　　여름은 바야흐로 무르녹아 가고 그러한 여름을 위하여 뒤 울타
리로는 나팔꽃 넝쿨이 제법 넓은 잎을 달고 줄기줄기 뻗어 올라갔
다. 석양이면 뻐꾹새가 수리산 허리를 울며 돌아가고, 밤이면 밤
새껏 건너편 숲에서 두견(杜鵑)이 울었다. 이러한 속에 나는 조용
히 앉아서, 봄부터 여러 달 번졌던 집필(執筆)을 다시 시작하였다.

(蔡萬植 "집"에서)

落鄕

朴泰遠 編

내가 시골로 이사(移徙)를 해 온 지도 벌서 한 달이 되어 온다. 사실 얼떨결에 왔다. 운송점(運送店)으로 부친 이사ㅅ짐이 백여 점 (百餘 點)이나 되고 수하물(手荷物)이 암만이요, 들고 온 보퉁이도 많 었다. 아이들도 기차(汽車) 속에서 나중에는 골아떨어져 똑 보퉁이 행세를 하였다. 봇짐 건사 외에도 놈들을 앉힌다, 눕힌다, 재운다, 깬다, 안고 나린다 참 법석이었다.

시골로 와서도 부산하였다. 흙일을 하고, 목수(木手)를 부르고, 도배를 하고 하였다. 시량(柴糧)[14] 준비는 물론이지만, 춥기 전에 김장을 서둘러 하는 것도 대단하였다. 그러나 한참 서둘르고 나니 까, 얼음이 얼고 눈발이 펄펄 날으는 것도 두렵지가 않다.

내가 어렸을 때, 우리 선친(先親)께서도 한번 낙향(落鄕)하신 일이 있다. 그때도 겨울이었는데, 눈이 펄펄 날리는 속을 우리 가족은

---

14) (엮은이) 시량(柴糧): 땔나무와 먹을 양식을 아울러 이르는 말.

정거장에서 오십여 리나 소 타고 들어갔다. 그것은 참 진기(珍奇)한 행렬(行列)이었다. 의거리·장농·화로·대야 하는 것들이 소 우에 매달려 갔고, 어른 아이 할 것 없이 소 잔등에서 끄덕어렸는데, 그것이 주욱 뒤로 이었었다.

그때, 아버님은 꼭 현재(現在)의 나와 같으셨다. 바쁘고, 초조(焦燥)하고, 불안(不安)하고 하셨을 것이다. 물론 아버님이 사령장관(司令長官)이셨는데, 양복을 입으신 아버님이 철도국원(鐵道局員)과 말다툼을 하시던 모양이 눈에 선하다. 그때 나는 아버님을 믿고 우러러보는 마음으로 가득하였었다. 지금의 나의 어린놈들도 기차 속에서 말성을 일으키고 골아떨어지고 하였지만 가슴속에는 내가 어렸을 적에 경험(經驗)하였던 바와 똑같은, 아버지에 대한 애정(愛情)이 잠자고 있으리라.

경성(京城)서 세 시간 가까이 걸리니까 아이들에게는 먼 노정(路程)이다. 한강철교(漢江鐵橋)를 지낼 때 아이들은 작약(雀躍)하였는데, 그 무시무시한 철근(鐵筋)이며, 우르르 하던 음향(音響)이 저들에게는 인상(印象) 깊이 남을 것이다. 나는 어렸을 적에, 벼 베인 뒤의 수답(水畓)을 차창(車窓)으로 바라보고 그것이 모두 강(江)인 줄만 알았었는데, 지금 내 아이들도 견해(見解)와 지식(知識)이 그 정도(程度)이었다.

"서울이 좋냐? 시골이 좋냐?"

이것도 있었던 일이다. 어른들이 이렇게 물으니까,

"서울, 내 동무 많아요……"

하고 병휘(秉輝)가 대답하며 쓸쓸히 웃었다. 그의 눈에는 제법 향수(鄕愁)에 찬 애달픔이 엿보였다. 제 동무들의 이름을 한 십여 명

불러 대는데, 그 아이들이 일일이 그리운 모양이다. 그리고 새로 온 집이 좋으니 그르니 하는 것과 시골 살림에 대한 것과 같은 어른들의 문제와는 전혀 상관없이, 저는 저대로 서울이 생각나는 모양이다.

그러나 인제 봄이 오면 산야(山野)에 화초(花草)가 가득하고, 동리 앞 시내에 물이 불어 고기 떼가 올라 닿을 터인데, 그 자연(自然)의 아름다움 속에서 한참 부대껴 나면, 저도 새로운 세계(世界)에 젖어들고 말 것이다.

(安懷南 "落鄕記"에서)

朴泰遠 編

芭蕉

　작년 봄에 이웃에서 파초(芭蕉) 한 그루를 사 왔다. 얻어 온 것도 두어 뿌리 있었지만 모두 어미 뿌리에서 새로 찢어 낸 것들로 앉어서나 드려다 볼만한 키들이요, "요게 언제 자라서 키 큰 내가 들어설 만치 그늘이 지나!" 생각할 때는 저윽 한심(寒心)하였다. 그래 지나다닐 때마다 눈을 빼앗기던 이웃집 큰 파초를 그예 사 오고만 것이다.

　워낙 크기도 했지만 파초는 소 선지가 제일 좋은 거름이란 말을 듣고, 선지는 물론이요 생선 씻은 물, 깨ㅅ묵 물 같은 것을 틈틈이 주었더니 작년 당년(當年)으로 성북동(城北洞)에선 제일 큰 파초가 되었고, 올봄에는 새끼를 다섯이나 뜯어내었다. 그런 것이 올여름에도 그냥 그 기운으로 장차게 자라, 지금은 아마 제일 높은 가지는 열두 자도 훨신 더 넘을 만치 지붕과 함께 솟아서 퍼런 공중(空中)에 드리웠다. 지나는 사람마다 "이렇게 큰 파초는 처음 봤군!" 하고 우러러보는 것이다. 나는 그 밑에 의자를 놓고 가끔 남국(南

國)의 정조(情調)를 명상(瞑想)한다.

파초는 언제 보아도 좋은 화초다. 폭염(暴炎) 아래서도 그의 푸르고 싱그러운 그늘은 눈을 씻어 줌이 물보다 더 서늘한 것이며, 비 오는 날 다른 화초들은 입을 닫은 듯 우울(憂鬱)할 때, 파초만은 은은히 비ㅅ방울을 퉁기어 주렴(珠簾) 안에 누었으되 듣는 이의 마음 우에까지 비는 뿌리고도 남는다. 가슴에 비가 뿌리되 옷은 젖지 않는 그 서늘함, 파초를 가꾸는 이 비를 기다림이 여기 있을 것이다.

(李泰俊 "芭蕉"에서)

菊花

　지금은 어렴풋이밖에 생각나지 않지만, 내가 일구여덟 살 때까지 살던 널대리ㅅ골(板橋洞) 집은 사랑 뜰이 퍽 넓어서, 큰 능금나무가 있었고, 정향(丁香)나무도 둘씩이나 있었는데, 더욱 많은 것은 화초분(花草盆)이어서, 넓은 뜰이 그뜩 하도록 많이 있었다. 가을이 되면 국화가 만발(滿發)하는데 할아버지는 노랑, 보라, 흰빛으로 찬란(燦爛)하게 핀 국화분을 사랑마루 우에다가 죽 올려놓시고, 저녁 때 친구 어른들과 새로 빚은 약주(藥酒)를 잡수시었다. 약주 잔에다가 국화 꽃잎을 한두 가락 둥둥 띄어 가지고 잡수시면서 한시(漢詩)를 읊으시는 것이, 어릴 때 철없는 생각에도, 퍽 운치(韻致)스러워 보였다.

　할아버지는 국화를 퍽 사랑하시어, 내가 철이 나서 돌아가시는 것을 뵈올 때까지, 가을이면 의례히 사랑마루에 국화분을 그득히 올려놓시고 즐기시는 것이었다. 나는 이런 시중을 들면서, 덩다라서 국화를 좋아하게 되었다.

이것이 나와 국화와의 첫 인연(因緣)이어니와, 그 뒤로는 별로 국화에 대한 관심(關心)이 없었는데, 내 큰매부가 대단히 자상스럽고 오밀조밀한 손작난을 좋아하는 성미이어서, 화초를 기르고 뜰에다가 밭 갈기를 좋아하였다. 그래서 해마다 가을이면, 장인(丈人)께 자기가 여름 동안 길른 국화를 몇 분씩 선사하였다. 꽃이 크고 탐스러워, 나는 매부의 비범(非凡)한 손재주를 은근히 탄복(嘆服)하였다. 그러다가, 국화는 물론, 대나무, 석류(石榴)나무, 영산홍(暎山紅), 수국(水菊), 옥잠화(玉簪花), 월계(月桂), 그 밖에 이름 모를 여러 가지 화초를 아주 우리 집에다가 맡겨 버리고 낙향(落鄕)한 뒤로, 우리 집에는 이렇게 많은 화초를 집어넣을 움이 있을 이가 없어서, 한겨울을 치르고 나니까, 거의 반이나 죽고 말았다. 국화나무는 다행히 몇 분이 살어 있었지만, 우리 집에서는 화초가 잘 가꾸어지지 않는지, 꽃이 크고 탐스럽게 되지도 않고, 이럭저럭하다가 국화는 거의 다 없어지고 말았다.

그러나 국화 볼 인연은 그치지 않었던지, 여학교(女學校)에 다니는 누이동생 동무가, 지성스럽게 삼사 년을 두고, 해마다 가을철이면 큰 국화분을 우리 집으로 가지고 왔다. 그 여학생의 아버지가 덕수궁(德壽宮)에서 국화 기르는 감독(監督)인가를 하는 분으로, 가을철이면 국화 진렬(菊花 陳列)에 빠지는, 이를테면 선외가작(選外佳作)쯤 하는 국화를 많이 자기 사가(私家)로 내어 오는데, 집이 가까운 탓인지 우리 집에도 몇 분 나누어 주는 것이었다. 말이 선외가작이지 전문가(專門家)의 손에 일 년 동안이나 길리운 것이니만치 꽃이 크고, 아주 호화(豪華)스러웠다. 보는 사람마다 어떻게 길렀느냐는 둥, 어디서 사왔느냐는 둥 칭찬이었다.

그러던 것이, 그 색씨가 작년에 여학교를 졸업하고, 올봄에 멀리

시골로 시집을 가 버렸다. 결혼(結婚)하는 것은 좋은 일이지만 금
년부터 국화 줄 사람이 없어져서 어떻게 하나, 하고 나는 누이들
과 웃었다.

　이제 정(正)히 국추(菊秋), 국화가 복욱(馥郁)한 향기(香氣)를 피울 때
이다. 이번 가을에는 집에 한 떨기 국화가 없이 지낼는지 모른다.

(趙容萬 "愛菊記"에서)

나팔꽃

朴泰遠 編

한 달이나 두고 날마다 바라보며 얼른 자라서 꽃 피기를 기다리던 나팔꽃이 오늘 아침에 처음으로 세 송이 피었다. 분에 심어서 사랑 담에다 올린 것이다. 가장자리가 흰 진보라빛 꽃들이다.

안마당에다 심은 나팔꽃은 땅에다 심어서 그런지 또는 해ㅅ볕을 많이 쬐여서 그런지 사랑 것보다 훨신 장하게 자랐다. 그런데 꽃은 한 송이도 피지 않았다. 바야흐로 꽃망울이 자라고 있다.

시방 나는 세 송이 나팔꽃을 바라보고 있다. 참 아름다웁다⋯⋯ 허나 나의 마음은 이에 만족하지 않고, 안마당 꽃 피기를 바란다. 왜 그럴가. 세 송이 꽃이 부족해설가.

씨 뿌리고는 떡닢 나오기를 기다렸다. 떡닢이 나오니까 어서 잎과 넝쿨이 나와서 자라기를 기다렸다. 이리하여 나의 마음은 나팔꽃 넝쿨의 앞장을 서서 뻗어 나갔다. 그러면 나의 마음은 꽃에 이르러 머물었을가.

시방 내 눈앞에 세 송이 나팔꽃은 아침 이슬을 머금고 싱싱하다.

그러나 이 아침이 다 못가서 시들고 말 것이다. 그리하여 씨가 앉고 나면 나팔꽃이 보여 주는 "극(劇)"에 막(幕)이 나려지는 것이다.

그러나 그때에도 나의 마음은 나팔꽃 아닌 또 무엇을 추구(追求)하고 있을 게다.

마음은 영원(永遠)히 뻗어 가는 나팔꽃이다.

(金東錫)

水仙

朴泰遠 編

　　최근(最近) 한 달 동안은 사(社) 일로 무슨 모임으로, 또는 밤이 긴 때니 친구와 차ㅅ집에서 이야기로, 가끔 늦어서야 나오군 했습니다.

　　아기들과 안해는 흔히 잠들어 있었습니다. 바람이 있으면 풍경이 댕그렁해 줄 뿐, 그리고 방에 들어가면 문갑(文匣) 우에 놓인 한 떨기 수선(水仙)이 무거운 고개를 들기나 하는 듯이 방긋—한 웃음으로 맞어 주었습니다.

　　수선(水仙).

　　"너는 고향(故鄕)이 어디냐?"

　　나는 지난밤 자리에 누으며 문득 그에게 이렇게 속삭였습니다. 그는 다음과 같이 도련도련 대답해 주는 것 같았습니다.

　　"내 고향은 멀어요. 이렇게 추은 데가 아니에요. 하늘이 비취 같고, 따스한 해ㅅ볕이 입김처럼 서리고, 그리고 물이 거울처럼 우리를 쳐다보면서 찰락찰락 흘러가는 데예요. 또 나비도 있어요.

벌도 날어오는 데예요."

하는 듯, 또 그의 말소리는 애처러워 내 마음을 에이는 듯했습니다.

"그럼 너는 이제라도 너의 고향에 가고 싶으냐?"

"네, 네, 나는 정말 이렇게 춥고, 새소리도 없고, 새파란 하늘도 없는 이런 방 속에서나 필 줄은 몰랐어요."

"하늘이 보고 싶으냐?"

"네. 따스한 하늘 말예요."

"새소리가 듣고 싶으냐?"

"네. 물소리, 별 소리도요……"

"그럼 왜 이런 방에서 피었니?"

"그건 내 운명(運命)이야요. 물과 기온(氣溫)만 맞으면 아무 데서나 피어야 하는 것이 내 슬픈 운명이야요. 나는 그래 저녁마다 혼자 울기도 했어요."

나는 슬펐습니다.

나는 저에게 사랑과 정성을 애끼지 않었습니다. 저는 나의 사랑에만 만족(滿足)했을 줄 믿어 왔습니다.

사랑이란 잔인(殘忍)하기도 한 것, 나는 불을 끄고 누어 이렇게 깨달았습니다.

그러나 어찌할가요? 나는 겨울이면 저를 사다 기르는 것이 무엇보다도 탐내는 향락(享樂)이올시다. 그것은 나의 단념(斷念)할 수 없는 행복(幸福)이올시다.

민망한 일이올시다.

(李泰俊)

鳶

朴
泰
遠

編

해ㅅ볕이 포근한 금잔디 우에서 아이들이 연을 띤다. 손에서 얼레가 물레를 돈다. 얼레ㅅ자루가 아이의 옆구리를 탁 치기도 한다. 아이들의 눈동자는 멀리 하늘을 바라보고 있다.

구름 한 점 없는 푸른 하늘에 날고 있는 수많은 연.

"쇠뿔 장군"이 "반달"을 받으러 간다. "청마"는 오들오들 떨면서 밑에서 이 광경을 쳐다본다. "가우리 꼭지"는 촌색씨처럼 머리ㅅ단을 길게 늘어트린 채, 이 품에 끼지 않고 혼자 떨어져 놀고 있다. 다른 연같이 물구나무를 설 줄도 모르고, 혹시 머리를 질끈 동여맨 "대가리 장군"이 이마받이 하러 오면, 그 자리에 주저앉고 만다.

"떴다! 떴다! 쇠뿔 장군이 떴다!"

아이들이 고함을 치면서 밭고랑, 논두렁으로 뛰어간다. 그렇게 부량하게 굴던 쇠뿔 장군이 반달한테 나간 모양이다. 막동이 녀석은 제 성미대로 유리ㅅ가루로 더덕 갬치15)를 먹이더니, 바람이 센 날 며칠 동안은 장을 폈다. 그러던 것이 높은 바람밖에 없는 오늘은, 목동이의 고운 사기 가루 갬치에 나가고 만 것이었다.

내가 일곱 살 때라고 기억한다. 우리 나이 또래들은 아직 연 뜰 자격은 없고, 띤대야 실패로 방패연을 날리거나, 고작해야 "볼기짝얼레"16)로 가우리 꼭지를 올렸다. 그리고 큰 아이들이 연 얼리는 것을 손에 땀을 쥐어 가며 구경하다가, 나가는 연이 있으면 쫓아가서 잡아다 주곤 하였다.

어떤 때는 떠가는 연이 우로 우로 솟기만 하는 때가 있었다. 그럴 때는 뛰어가기를 멈추고 그 연이 높이높이 하늘 우로 사라질 때까지 한없이 쳐다보고만 있었다.

이리하여 우리들의 어린 시절은 드높은 창공을 바라보다가 그날그날이 저물어 가는 것이었다.

(金東錫)

---

15) (엮은이) 연싸움을 위해 연줄에 돌가루, 구리 가루, 사기 가루 등을 발라 다른 사람의 연줄이 잘 끊어지도록 하는 것을 '갬치 먹인다'라고 한다.
16) (엮은이) 볼기짝얼레: 기둥 두 개만으로 된 네모지지 않고 납작한 얼레.

蜻蛉

朴泰遠 編

잠자리채는 낚시ㅅ대 끝에다 굵은 철사(鐵絲)로 원형(圓形)을 만들어 붙인 것이다. 나는 아침밥을 뚝 따 먹기가 무섭게 이 잠자리채를 들고 이웃집 기꾸시락 밑으로 돌아다니며 거미가 막 쳐 놓은 줄을 도둑질했다.

아직 파리 한 마리 걸리지 않은 처녀망(處女網)은 아침 해ㅅ볕을 받고 명주실처럼 반짝인다. 거미는 숨어 있어서 보이지 않지만, 잠자리채가 줄에 닿는 순간(瞬間), 돌연(突然) 나타나군 한다. 식전 해장으로 먹을 것이 걸려들었구나 하고 얼굴을 내미는 모양이다.

또 어떤 놈은 망(網) 한복판에 죽은 척 옹크리고 있는데 나는 그놈이 앉은 반대편(反對便)에서 그놈이 철사원(鐵絲圓)의 중점(中點)이 되도록 잠자리채를 갖다 댄다. 그러면 거미는 질겁을 해서 외줄을 타고 추녀 밑으로 피란(避亂)해 버리는 것이다.

나는 주인 없는 거미줄을 유유(悠悠)히 낚는다. 잠자리채의 자루를 돌리는 내 어린 팔목에 전(傳)해지는 거미줄의 탄력(彈力)은 물

고기의 꿈틀거림을 전하는 낚시ㅅ대를 쥐고 있는 듯한 감각(感覺)이다.

한여름 뙤약볕이 쨍하게 내려쪼이는 행길 위에 잠자리가 무수히 날고 있다. 나려앉는 법 없이 날고만 있는 놈들이다. 채를 한번 휘둘르면, 두서너 마리씩 한꺼번에 걸린다. 붉은빛인데 고추잠자리보다 훨신 엷은 빛갈이다. 이런 잠자리는 하도 흔해서, 내가 잡고자 하는 목표(目標)가 되지 않는다.

또 이와는 정반대(正反對)로, 날으는 법 없이 행길 한복판에 앉어만 있는 놈이 있다. 인기척이 나면 날어서 두어 걸음 앞에 가서 주저앉고 만다. 첫대 검은 줄이 진 꽁지가 칙칙해서 보기 흉하고 잡어 보면 이렇게 맥(脈)없는 잠자리도 없다.

내가 잡고자 하는 것은 크고 힘센 장사 잠자리다. 파리를 잡어 주면 한입에 먹어 버리고, 또 손가락의 살ㅅ점을 물어뜯기가 일수인 놈이다.

장사 잠자리는 씨가 귀한 데다가 만나도 잡기가 힘든다. 한번 날으면 십 리나 달아나기 때문이다.

그러나 잔등이가 신록(新綠)빛으로 푸른 암놈을 한 마리 잡고만 볼 말이면, 잔등이가 하늘빛으로 푸른 숫놈을 낚으기란 엿 먹기다. 이 포로(捕虜)된 암놈의 꽁지를 실 끝으로 동여매 가지고 연못가에 가서,

　　잠자아라 꿈자라
　　절로가면 죽는다
　　일로오면 사안다

하고 노래를 부르면, 어데선지 장사 잠자리의 숫놈들이 날아온다.

이렇게 해서 잡은 잠자리들을 나는 모조리 꽁지를 짜르고 그 대신 밀짚을 꽂아서 귀양 보낸다고 날려 보내는 것이었다. 그러면 꽁지 빠진 장사 잠자리는 뎅겁을 해서 필사의 힘을 다하여 끝없이 끝없이 날아갔다.

어린 시절은 벌서 이십여 년 전 까마득한 옛날이야기로되 잠자리 잡던 기억만은 시방 오히려 싱싱하다. 꽁지 빠진 잠자리가 날어가는 광경이 눈앞에 선하다.

아니 그 잠자리가 지닌 괴로운 몸짓을 이제 내 스스로 느끼는 것 같다. 어떠한 고통(苦痛)이 있을지라도 살려고 애쓰는 것은 숭고(崇高)한 노력(努力)이다. 나는 시방 새삼스러이 꽁지 빠진 장사 잠자리를 생각하고 교훈(敎訓)을 받는다.

(金東錫)

어린 時節

사방을 산이 뺑 둘러쌌다. 시내가, 아침에 해도 겨우 기어오르는 병풍 같은 덕유산(德裕山) 준령(峻嶺)에서 흘러나와 동리 앞 남산(南山) 기슭을 씻고 새벽달이 쉬어 넘는 강선대(降仙臺) 밑을 휘돌아 나간다. 봄에는 남산에 진달래가 곱고, 여름에는 시내ㅅ가 버드나무 숲이 깊고 가을이면 멀리 적성산(赤城山)에 새빨간 불꽃이 일고, 겨울이면 산ㅅ새가 동리로 눈보래를 피해 찾어온다.

나는 그 속에 한 소년이었다. 사발중의17)를 입고 사철 맨발을 벗고 달음질로만 다녔기 때문에 돌뿌리에 채어 발구락에 피가 마르는 때가 없었으나 아픈 줄을 몰랐다. 여울에서 징게미18) 뜨기와 덤불에서 멥새 잡기를 좋아하여, 낮에는 늘 山과 물ㅅ가에서만 살았고 밤에는 씨름판에 가 날을 새웠다.

---

17) (엮은이) 사발중의: '사발고의'와 같은 말. 가랑이가 무릎 아래까지만 내려오는, 남자의 짧은 홑바지.
18) (엮은이) 징게미: 민물새우.

어떤 날, 나는 처음으로 풀을 뜯기러 소를 몰고 들로 나갔다. "이라, 어저저저" 하며 고삐만 이리저리 채면 그 큰 몸둥이를 한 짐승이 내 마음대로 제어(制御)되는 것이 나의 조고만 자만심(自慢心)을 간지럽혀 주었다. 소가 풀을 우둑우둑 뜯을 때, 그 향기(香氣)가 몹시 좋았다. 산 그림자 속에 소 풍경 소리가 맑았다.

나는 해가 지는 줄을 몰랐다. 이웃집 영감님이 재촉하지 않았더면 밤이 깊는 줄도 몰랐을 것이다. 집에 돌아왔을 때는 아주 날이 깜깜하였다. 모두들 마루에 불을 달아 놓고, 저녁도 먹지 못하고 걱정 속에 나를 기다리고 있었다.

"왜 이렇게 늦게 오느냐."

하고 어머님이 꾸중을 하셨다. 그러나 나는 입술을 무신 어머님의 이빨 사이로 웃음이 터져 나오는 것을 보았다. 어머님은 얼굴에 더 노염을 가장(假裝)하려고 하시나, 밑에서 피어오르는 기쁨을 억제할 길이 없으신 모양이었다. 끝끝내 웃으시고야 말았다. 그리고 이렇게 칭찬까지 하셨다.

"우리 환태가 인젠 다 컸구나."

머슴은 소고삐를 받아 말뚝에 매 놓고는, 일어서서 소 엉덩이를 손바닥으로 철석 때리며,

"이놈의 소 오늘 포식(飽食)했구나. 어떻게 처먹었던 배지가 장구통 같다."

이렇게 욕설을 하였다. 그러나, 소는 머슴의 이 욕설이 만족(滿足)의 표시(表示)인 것을 아는지 몸을 말뚝에 비빌 뿐이었다.

이튿날, 나는 학교에서 하학(下學)을 하고 나오자마자, 할머님이,

"어린것이 어느새 어떻게 소를 뜯기러 다니느냐."

하고 말리시는 것도, 동무들이 山으로 멥새 알을 내리려 가자는

것도, 보ㅅ돌로 물고기를 훑으러 가자는 것도 다 물리치고, 또 소를 뜯기러 나갔다.

가을이 되자, 나는 머슴을 따라다니며 겨울 먹일 소풀을 뜯어 말렸다. 겨울에는 여물을 썰고, 소죽을 쑤었다. 그랬더니, 이듬해 첫 봄에 소가 새끼를 낳았다. 나는 동생을 보던 날처럼 기뻐, 밤새도록 잠을 자지 못하였다.

이 시절이 나의 가장 행복(幸福)하던 시절 내 마음의 고향(故鄕)이다. 돌아가신 어머님 생각이 날 때면, 그 시절을 생각한다. 그리고 소를 생각한다. 고향이 그리울 때면, 그 시절이 그립다. 그리고 소가 그립다.

(金煥泰 "나의 이니스프리이"에서)

불

朴泰遠 編

    딸을 막 보내고 돌쳐서던 모친은 힐끗 지붕을 치어다보더니, 별안간,

    "아! 저게 웬 일야?"

하고 외마디소리를 치고는 다시는 말을 어울리지도 못 하고 밥 먹는 아들더러 어서 나려오라고 손짓만 하고 벌벌 떤다. 돌쳐가려던 딸도 강충강충 뛰어, 무서워서 들어오려도 못 하고 골목 밖으로 뛰어나가도 못 하면서 오빠만 부른다. 상머리에 동생과 막 앉은 오래비가 깜짝 놀라서 배고픈 것도 잊어버리고 맨발로 단걸음에 뛰어나려 와 보니 뒷집 처마와 이 집과 맞다은 사이에서 연기가 모락모락 쏟아져 나오는 것이 밤하늘에 뽀얗게 풍기어 나간다.

    "불! 불! 불……"

    접결에 속마저 비었으니 목소리가 크게 나올 수도 없다. 마치 꿈속에서 소리를 지르려면서도 목이 꽉 막혀서 허위덕거리는 셈이다. 어린 동생도 숟갈을 내던지고 뛰어나려 왔다. 저녁상을 받

고 자시려던 부친마저 뭐야 뭐 하고 뛰어나왔다. 부친은 칠십 노인(七十 老人)이 빈속에 약주(藥酒)를 자신 끝이라 떨리는 다리를 잘 가누지를 못 한다. 그때까지도 여기서는 "불야ㅡ" 소리를 시원스럽게 지르지를 못 하다가, 이 집에서 수선거리는 통에 제각기 잘 차비로 헤어져 들어갔던 옆집, 앞집 사람이 뛰어나오며, 비로소 불야! 소리를 벼락같이 질러서 소동을 일으켰다.

연기는 그대로 가라앉을 듯하더니 풀석 하고 호되게 다시 뿜은 뒤를 따라서 뱀의 혀ㅅ바닥 같은 불ㅅ길이 호르를 하고 떨면서 치밀어 올라왔다. 동리는 금시로 물 끓듯 하였다. 벌의 집을 쑤셔 놓은 것같이 제각기 떠들고, 제각기 갈팡질팡이다. 그러나 아무도 감히 지붕에 올라가는 사람은 없다. 지붕에 올라가서 물을 한두 바가지 끼얹어 본댔자 별 도리가 없겠지만, 그보다도 아무리 허접쓰러기 같은 세간이라도 그것부터 한 가지라도 빼내는 것이 급하였다. 아무런 고루거각(高樓巨閣)이라도 집은 떠 가지고 가지 못할 것이니 "불야ㅡ" 하면 누구나 짐부터 들고 나서는 것이지마는 아쉰 대로 얽어 놓은 집ㅡ자식의 대(代)에까지 물려주게 될가 보아 겁을 내는 집ㅡ당장에 어디로 헐어 가지고 갈지 모르는 이 집이니 이왕이면 솥 쪽박이나 모지라진 비ㅅ자루 하나라도 손ㅅ길 들여 쓰던 것이나 건져 내려는 것이다.

불 난 이편 쪽이고, 가운데 길을 건너 저편 쪽이고 나오느니 세간이다. 으스러지라는 듯이 바위 우에 내던지는 농ㅅ짝, 헤갈19)을 하고 흩어지는 때 묻은 이부자리, 그릇 박을 안은 채 바위ㅅ돌에 나동그라지며 사기그릇이 악살을 하는 칼날 같은 모진 소리와 함

---

19) (엮은이) 헤갈: 흩뜨려 어지럽힘. 또는 그런 상태.

께 무릎에서 피를 철철 흘리며 목을 놓고 우는 아낙네의 고생에 찌든 그 얼굴! 열바가지가 바위 아래로 땍데굴 굴러 나려가는 것을 그래도 울며불며 잡으려고 쫓아 나려가는 맨발 벗은 다박머리 계집애! 손과 발이 공중 걸려서 뒤 재주를 치며 얼기설기 비비고, 뚫고 맛다닥드리고 그런대로 입으로는 제각기 악에 바친 소리를 버럭버럭 지르며 아우성을 치는 그 속에서 어머니를 울부짖고 찾으며 갈팡대는 아이들은 묻발ㅅ길에 툭툭 채어 세상이 떠나갈 듯이 울어 재치는데, 덩다라 놀란 개 떼는 어디서 몰켜온 것인지 점점 더 세차 가는 시뻘건 불ㅅ길을 바라보며 가로 뛰고 세로 뛰며 짖어 댄다.

서까래 같은 기둥에 푼오리 널과 멍석 조각으로 얽어매고 생철 지붕이 아니면 한두 치 두께밖에 못 이은 새장 같은 집이 처마를 이어 맞닿었는데 열흘 보름씩 가문 끝이니 말은 솔잎에 쏘시개ㅅ불을 질른 셈이다. 게다가 평지(平地)에는 바람이 없어도 여기에는 산ㅅ바람이 내리질리니 전후좌우(前後左右)로 훌훌 훌훌 번져 나가는 불ㅅ길은 이 집을 뒤덮는가 하면 눈 깜짝 할 사이에 벌서 저 집 지붕을 날름 하고 뻘건 혀ㅅ발로 핥아 간다. 여간 물ㅅ동이쯤이야 닳은 쇠에 눈이지만, 이 불ㅅ길을 치어다보는 사람은 언저리로 끼어든 구경꾼뿐이오, 누구 하나 불이 어디까지 퍼졌는지 정신을 차리고 보려는 사람조차 없다.

(廉尙燮 "불똥"에서)

朴泰遠 編

큰물

단 십 분을 잤는지 몇 시간을 잤는지, 밖에서 경호가 아저씨 소리를 치며 불러 대는 설레[20]에 화닥닥 놀라 깨었다. 마루로 뛰어 나서면서 보니, 물은 마침내 넘쳐 들어오고 있었다. 그것도 잘람잘람 넘치는 것이 아니라 흡사 큰 독을 엎지른 듯 한꺼번에 와 하고 높은 물결이 몰려들고 있는 것이었다. 번번이 그랬었다.

순식간에 물은 마당으로 부엌으로 마루 밑으로 벙벙히 차서 연해 뒤ㅅ곁으로 흘러 나가고, 그러면서 점점 불어 올랐다. 내 입에서 말이 떨어지기 전에는 부둥갱이 하나라도 들어내 갈 생각을 말라고 어제부터 몇 번 다져 둔 터라, 안해와 경호는 발만 동동 굴으며 어쩔 줄을 몰라 했다.

이윽고 우지직 하더니 바른편 울타리가 두둥실 떠내려가고 있었다. 이상한 것은 물이 넘치기까지는 땅이 패이지 않다가도 한번

---

20) (엮은이) 설레: 가만히 있지 아니하고 자꾸 움직이는 행동이나 현상.

넘치고만 보면 그때는 하잘것없이 문명문명 떨어져 나가군 하는
것이었다. 울타리가 떠내려가는 것도 그 때문이다.

울타리가 없어지자, 물은 더욱 좋아라고 밀려들었다. 물에 덮여
서 보이지는 않으나 장독대와 우물 두던이 반은 넘겨 묻혀져 나간
상 싶었다. 그 속도로 가다가는 주초(柱礎)를 범(犯)할 시각도 머지
않은 것 같았다. 나는 속으로는 어떡헐고, 어떡헐고, 조마조마하면
서도 진득이 퇴ㅅ마루에 앉아서 버티었다.

물은 드디어 안마루의 마루ㅅ전을 스치며 빠져나갔다. 어디선
지 조고마한 나막신 한 짝이 떠 들어와서는 마루ㅅ전에 부디치며
뱅뱅 감돌고 있었다. 무엇인지 모르게 마음이 처량(凄凉)하면서, 잠
간 현실(現實)을 잊어버리고 나막신 짝만 바라다보기에 여념(餘念)
이 없었다.

뒤ㅅ집 학생이 철버덕철버덕 헐떡어리며 쫓아 들어왔다. 일을
당하는 족족 맨 먼점 달려와서는 세간도 날러 주고 하며 고마이
구는 학생이었다.

"아 왜 이러구 기세요?"

"쯧! 괜찮을 상 불러서……"

나는 미소(微笑)를 하면서 천연(天然)스럽게 대답을 하였다.

"오온! 괜찮은 게 다 멉니까? 어서 내놓세요!……"

그리고는 휘휘 둘러보다가 다짜고짜 마루 앞으로 뛰어가더니,
세간을 담어 놓은 궤짝 하나를 불끈 둘러메고는 철벅어리며 나가
는 것이었다. 그제는 안해와 경호도 방에서 부담과 보따리를 하나
씩 집어내다가, 이고 안고 허둥지둥 달려 나가고, 그와 엇갈려 종
씨네 아주머니와 사위가 앞서거니 뒤서거니 쫓아 들어오고. 뒤ㅅ
집 한 서방(韓 書房)은 지게를 지고 들어오고. 들어와서는 제각금

닥치는 대로 한 개씩 들어내 가고. 떠버리라는 별명을 듣는 우리 집의 공장 십장(工場 什長)은 삽을 둘러메고 달려들더니 사리ㅅ문으로 짐을 내가기가 옹색하고 더디대서 뒤ㅅ곁의 울타리를 바서트려 터놓아 버리고.

다른 사람도 몇이 더 와서 운력21)을 해 주었고, 십여 명이 어울려 뻔질낳게 들락날락하는 동안 순식간에 집안은 말끔하니 죄다 치워졌다. 그 거친 죄다 치워졌을 무렵하여, 문득 나는 언제 쩍부터인지 그들과 함께 이리 닫고 저리 닫고 하면서 세간을 날러 내가기에 정신없이 납뛰며 있는 내 자신을 비로소 발견하였다.

(蔡萬植 "집"에서)

---

21) (엮은이) 운력: '울력'의 잘못. 여러 사람이 힘을 합하여 일함. 또는 그런 힘.

入院한 날

朴泰遠 編

입원실(入院室)은 이 층 제구 호실(第九 號室), 북악(北岳)이 멀리 내다보이는 방입니다. 옆에 누운 노파(老婆)의 말을 들을 것 없이 북향(北向)이라 광선(光線) 구경은 천생 할 수 없이 되었습니다. 마는 볕이 쨍쨍이 드는 밝은 방보다 내게는 오히려 나을지 모르겠습니다. 유리창 밖으로 보이는 하늘과 공기도 재ㅅ빛입니다. 그래서 방은 더욱 음울(陰鬱)합니다.

옆의 노파가, 어서 눕지 않고 왜 그러고 있느냐 합니다. 노파는 내가 안 눕는 것이 딱하기보다 아무도 따라온 사람 없이, 혼자서 이 모양으로 앉았는 내 행색(行色)이 궁금한 눈치입니다. 하나, 나는 눕지 않습니다. 눕기 싫습니다. 싫다기보다 누어지지 않습니다. 어쩐지 누우면 통곡이 터질 것 같습니다.

저녁 일곱 시쯤 하여 어머님이 위에 덧덮을 이불과 그 외의 소용될 것들을 가지고 오셨습니다. 어지러우셔서 전차도 못 타시고 그 머나먼, 어둔 길을 오랜 시간을 걸으시어, 그것도 병원의 방향을 물으시며 물으시며 겨우 찾어오셨습니다. 하루 종일 자리옷을 빠시고 이불을 빨아서, 말려서, 다듬어서 잇을 시치시느라고 마차(馬車)같이 바쁘셨을 것이 눈에 보입니다. 그러고 또 우셨나 봅니다. 아니, 확실히 우셨습니다. 어슴푸레한 전등 불빛에 눈이 부으신 것이 알려집니다.

내가 X광선(光線)을 뵈던 날,—아니, 그 전 위궤양(胃潰瘍)이라는 의사(醫師)의 진단(診斷)이 났을 때부터 어머님은 이 세상에 그런 병은 나 하나밖에 없는 것으로 겁(怯)을 내시어, 진지도 안 잡숫고 잠도 안 주므시고 그대로 우시기만 하시어 목이 꽉 잠기셨던 것입니다.

(가엾은 어머님. 불상한 내 어머님.)

나는 자리에 누어 내 어머님 단 한 분을 위하여서라도 하루 바삐 병이 나어야만 하겠다 생각하였습니다.

(崔貞熙 "病室記"에서)

주검

朴泰遠 編

　그저께 아침, 우리 성북동(城北洞)에서는 이 봄에 들어 가장 아름
다운 아침이었다. 진달래, 개나리가 집집마다 웃음소리 치는 듯
피어 휘어지고 살구, 앵도가 그 뒤를 이어 봉오리가 벌어지는데,
또 참새들은 비 개인 맑은 아침인 것을 저이들만 아는 듯이 꽃 숲
에 지저귀는데 개울 건너 뉘 집에선지는 사람의 곡성(哭聲)이 낭자
하게 일어났다.

　오늘 아침 집을 나오는 길에 보니 개울 건너 그 울음소리 나던
집 앞에 영구차(靈柩車)가 와 섰다. 개울 이쪽에는 남녀 여러 사람
이 길을 막고 서서 죽은 사람 나가는 것을 바라보았다. 나도 한참
그 축에 끼어 섰었다.
　그러나 나의 눈은 건너편보다 이쪽 구경꾼들에게 더 끌리었다.
주검을 바라보며 주검을 생각하는 그 얼굴들 모두 검은 구름ㅅ장
아래 선 것처럼 한 겹의 어둠이 비껴 있었다. 그중에도 한 사나이,

그는 일견(一見)에 "저게 살아날 수 있을가?" 하리 만치 중(重)해 보이는 병객(病客)이었다. 그는 힘ㅅ줄이 고기 뼬처럼 일어선 손으로 지팽이를 짚고 가만이 서서도 가뿐 숨을 몰아쉬이면서 억지로 미치는 듯한 무거운 시선(視線)을 영구차에 보내고 있었다. 나는 속으로 "옳지! 너는 남의 일 같지 않게 보겠구나" 하고 측은(惻隱)히 그를 바라보았다. 그는 이내 눈치를 채인 듯 나를 못마땅스럽게 한번 힐끗 쳐다보고는 지팽이를 돌리어 다른 데로 갔다.

그 나에게 힐끗 던지는 눈은 비수(匕首)처럼 날카로웠다. "너는 지냈니? 너는 안 죽을 테냐?" 하고 나에게 생(生)의 환멸(幻滅)을 꼬드겨 놓는 것 같았다. 나는 다소 우울(憂鬱)을 느끼며 길을 걸었다. 얼마 걷지 않아서 영구차 편에서 곡성이 들려왔다. 그러나 고개를 넘는 길에는 새들이 명랑(明朗)하게 지저귀었다. 사람의 울음소리! 새들의 그것보다 얼마나 불유쾌(不愉快)한 소리인가!

주검을 저다지 치사스럽게 울며불며 덤비는 것은 아마 사람밖에 없을 것이다.

(李泰俊)

貧村

朴泰遠 編

　여기 모여 사는 팔십여 호라는 집들이 일매지게[22] 생긴 것처럼, 그들의 감정(感情)이나 행동(行動)이나 의복(衣服)이나, 어쩌면 먹는 것까지라도 한 빛갈로 물들인 것처럼 일매지다고 할 수 있다. 일매지니 차별(差別)이 없고, 고하(高下)가 없고, 구분(區分)이 없다. 다만 구차라는 한 빛으로 칠해지고 가난이란 한 줄기로 얽어매어서 모여든 사람들이다.

　그들에게 비단옷이 없는 것과 같이 양반이라는 생각도 없다. 그들에게 물질적(物質的)으로 자랑할 아무것이 없는 것과 같이 감추어야 할 아무것도 없는 것이다. 누가 더 잘 먹고, 더 잘 입고, 더 좋은 집에 산다는 자랑도 없거니와, 헐벗고 굶주리는 것이 창피스럽다고 감추려는 생각도 없다.

　그들에게 충하가 있다면 "향당(鄕黨)엔 막여치(莫如齒)라는 노소

---

22) (엮은이) 일매지다: 모두 다 고르고 가지런하다.

관계(老少 關係)밖에 없고, 이것은 동시에 노인(老人)의 자랑도 되었다. 그리고 젊은이의 자랑은 오직 자기의 힘뿐이다. 힘은 건강(健康)과 활동력(活動力)이다. 밥이 여기서 나오는 것이니, 식구를 굶기지 않는다는 것이 한 자랑일지 모르기 때문이다.

그 외에는 누구나 똑같은 사람이오, 똑같은 근심을 근심하고 있는 것이다. 여기서 서로 동정(同情)이 생기고 우열(優劣)이 없으니 싸움이 없고 구차를 숨기지 않으니 의논성스럽게 서로서로 돕는 것이다.

(廉尙燮 "불똥"에서)

가난

朴泰遠 編

간도(間島)에 가을이 왔다.

가을 들어서부터 나는 대구 장사를 하였다. 삼 원을 주고 대구 열 마리를 사서 등에 지고 산ㅅ골로 다니면서 콩과 바꾸었다. 그러나 대구 열 마리는 등에 질 수 있었으나 대구 열 마리를 주고 받은 콩 열 말은 질 수 없었다. 나는 하는 수 없이 삼사십 리나 되는 곳에서 두 말씩 두 말씩 사흘 동안이나 저 왔다.

우리는 열 말 되는 콩을 자본(資本) 삼아 두부(豆腐) 장사를 시작하였다. 안해와 나는 진종일 매ㅅ돌질을 하였다. 무거운 매ㅅ돌을 돌리고 나면 팔이 뚝 떨어지는 듯하였다. 내가 이렇게 괴로울 적에, 해산(解産)한 지 며칠 안 되는 안해의 괴로움이야 어떠하였으랴? 그는 늘 낯이 부석부석하였었다.

코ㅅ구멍만 한 부엌방에 가마를 걸고 매ㅅ돌을 놓고 나무를 드리고, 의복가지를 걸고 하면 사람은 겨우 비비고나 앉게 된다. 뜬김23)에 문창은 떨어지고 벽은 눅눅하다. 모든 것이 후질근하여 의

복을 입은 채 미지근한 물속에 들어앉은 듯하였다. 어떤 때는 애써 갈아 놓은 비지가 이 뜬김 속에서 쉬어 버린다.

두부ㅅ물이 가마에서 몹시 끓어 번질 때, 우유(牛乳)빛 같은 두부ㅅ물 우에 빠터빛 같은 노란 기름이 엉기면 (그것은 두부가 잘될 증조다) 우리는 안심한다. 그러나 두부ㅅ물이 히멀끔하여지고 기름ㅅ기가 돌지 않으면, 거기만 시선(視線)을 쏘고 있는 안해의 낯빛부터 글러 가기 시작한다. 초를 쳐 보아서 두부ㅅ발이 서지 않고 매캐지근하게 풀려질 때에는 우리의 가슴은 덜컥한다.

"또 쉰 게로구나? 저를 어쩌누?"

젖을 달라고 빽빽 우는 어린 아이를 안고 서서 두부ㅅ물만 드려다보시던 어머니는 목 멘 말을 하시며 우신다. 이렇게 되면 온 집안은 신산(辛酸)하여, 말할 수 없는 음울(陰鬱), 비통(悲痛), 처참(悽慘), 소조(蕭條)한 분위기(雰圍氣)에 쌓인다.

"너, 고생한 게 애닯구나! 팔이 부러지게 갈아서…… 그거(두부)를 팔아서 장을 보려고 태산(泰山)같이 바랬더니……"

어머니는 그저 가슴을 뜯으면서 우신다. 안해도 울 듯 울 듯이 머리를 숙인다. 그 두부를 판대야 큰돈은 못 된다. 기껏 남는대야 이십 전이나 삼십 전이다. 그것으로 우리는 호구(糊口)를 한다. 이십 전이나 삼십 전에 어머니는 우신다. 안해도 기운이 준다. 나까지 가슴이 바짝바짝 조인다.

그러한 날은 하는 수 없이 쉰 두부ㅅ물로 배를 에우고 지냈다. 아이는 젖을 달라고 밤새껏 빽빽거린다. 우리 살림엔 어린것도 다 귀찮었다. ……

(崔鶴松 "脫出記"에서)

---

23) (엮은이) 뜬김: (북한어) 서려 오르는 뜨거운 김.

中等文範

朴泰遠 編

第二部

1. 봄

★비가 조곰 오다가 개였다. 그날 안해는 열(熱)이 좀 더 심했고 더욱 괴로웠다. 그러나 날은 현저히 풀렸다. 얼어붙었던 수채구녕이 녹고, 들창에 비치는 해ㅅ살도 유난히 부드러웠다.

(安懷南)

★바위틈에서 샘물 소리밖에 안 들리는 산ㅅ골자기니까 맑은 하늘의 봄ㅅ볕은 이불 속같이 따스하고 꼭 꿈꾸는 것 같다.

(金裕貞)

★봄 해는 어느덧 서천(西天)에 기우는데, 이 집 저 집에는 살구꽃이 만발하였다. 뒤ㅅ산 솔밭 속에서는 뻐꾹새 우는 소리가 처량히 들린다.

(李箕永)

★입춘(立春)이 내일모레래서, 그렇게 생각하여, 그런지는 몰라도, 대낮의 해ㅅ살이 바로 따뜻한 것 같기도 하다.

(朴泰遠)

★내일모레 창경원(昌慶苑)의 『야앵』(夜櫻)이 시작되리라는 하늘은, 매일같이 얄게 흰 구름을 띠운 채, 훠언하게 흐리다.

(朴泰遠)

★어제 하루 종일 비가 나리더니, 오늘 날은 활짝 들었어도, 이곳 무학재 고개를 넘어서 세찬 바람이 어끄제 두루막이를 장 속 깊이 간수한 봄 치장에는 제법 쌀쌀스러웠다.

(朴泰遠)

★풀포기 군데군데 간드러진 제비꽃이 고개를 들고 섰다. 제비꽃은 자주ㅅ빛, 눈꼽만큼씩 한 괴밥꽃은 노랗다. 하얀 무릇꽃도 한참이다. 대황도 꽃만은 곱다.

(蔡萬植)

★산은 골자기마다 기슭마다 한참 봄이었다. 진달래가 불 붙어 올라오듯, 따스한 양지판에서부터 시작해서 한편으로는 골자구니로 나려 붙고, 한편으로는 산봉오리로 올려 붙는다.

(李泰俊)

★늘 지나다니는 식은 관사(殖銀 官舍)에는 울타리가 넘게 피었던 코스모스들이 끓는 물에 데쳐 낸 것처럼 시커멓게 무르녹고 말았다.

(李泰俊)

★학교 운동장 저편 담 밑에는 이름도 모를 노랑 꽃이 봄마다 피었었다.

(朴泰遠)

朴泰遠 編

2. 여름

★운현궁(雲峴宮)의 문 앞 뜰과 담장 안으로는 잔디야, 솔포기야, 버들이야, 모두 새삼스러운 듯 눈이 부시게 연푸른 새잎들이 피어나서 있다.

(蔡萬植)

★남풍(南風)이 솔솔 불어오면 보리들이 누런빛으로 변한다. 단순(單純)하지마는 아름다운 풍경(風景)이다. 물론 날씨는 계속하여 화창하기만 하고, 젊은이들의 마음을 아지랑이같이 가볍게 만드는 계절(季節)이다.

(安懷南)

★양청물같이 푸른 하늘에는 당태솜24) 같은 흰 구름이 둥둥 떠도는데, 녹음(綠陰)이 우거진 버들 숲 사이로서는 서늘한 매암이 소리가 흘러나온다.

---

24) (엮은이) 당태솜(唐—): 예전에, 중국에서 나던 솜.

★푹푹 찌는 중복(中伏) 허리에 불볕이 쨍쨍 나는 저녁때다.

（李箕永）

★산뜻한 바람이 어데서 이는지 양버들 잎새를 바르르 떨리우는데, 아래ㅅ말로 가는 산ㅅ길이 히미하게 뒤ㅅ산 잔등 위로 보인다.

（李箕永）

★토요일 오후— 멋 없도록이나 맑게 개인 날이다. 누구나 그대로 집안에 붓박혀 있지 못할 날이다. 볼일도 없건만 공연스리 거리를 휘돌아다니고 싶은 날이다.

（朴泰遠）

★어제나 그저께나 한가지로, 하늘에 흰 구름이 얕이 떠도는 채 바람 한 점 없이 그대로 푹푹 찌는 날이다.

（朴泰遠）

3. 가을

★그해 가을은 예년에 없는 풍년(豊年)이 들어 추수(秋收)는 어느 때보다도 흡족(洽足)하였다. 마당에는 벼ㅅ단과 조이ㅅ단의 낟가리가 덤덤이 누른 산을 이루었고, 두주깐에는 잡곡(雜穀)이 그득 재어졌다. 낱이 굵은 콩도 여러 섬이 되어서 내년 봄 소곰받이에도 흔하게 싣고 갈 수 있을 것이다.

(李孝石)

★첫 가을이면 송이(松栮)의 시절(時節)—좀 일르면 『솔골』로 풋송이 따러 가는 마을 사람들이 뚝 위를 히끗히끗 올러가기 시작한다.

(李孝石)

★봉곳이 흙을 떠바뜰고 올라오는 송이(松栮)를 찾었을 때의 기쁨! 바구니의 듬짓하게 따 가지고 식구들과 함께 뚝ㅅ길을 걸어 나려올 때면, 송이의 향기(香氣)가 전신(全身)에 흠빽 밴다.

(李孝石)

★어디서 이다지도 맑은 바람이 이리 시원스리 불어 듭니까. 부채질하던 손을 멈추고 한참을 혼자 망연(茫然)하여 합니다.

문득 깨닫고, 고개를 들어 하늘을 우러러봅니다. 오오, 그렇게도 높고 또 깨끗한 저 하늘—

우리 모를 사이, 어느 틈엔가 가을은 이곳을 찾어온 것입니다.

(朴泰遠)

★제법 가을답게 하늘이 맑고 또 높다. 더구나 오늘은 시월(十月) 들어서 첫 공일(空日)—

(朴泰遠)

★이끼 앉은 돌층계 밑에는 발이 묻히게 낙엽이 쌓여 있고, 상나무, 전나무 같은 상록수(常綠樹)를 빼여 놓고는 단풍나무까지 이미 반 넘어 이울어, 어떤 나무는 잎이라고 하나 없이 설—명하게 서 있다.

(李泰俊)

★딱끈 쪼이지도 않고 흐리지도 않은 알맞은 가을 날씨였다. 나뭇잎이 혹은 물들고 혹은 떨어지기 시작하고 과실점 앞에는 햇과실이 산ㅅ덤이같이 쌓이기 시작하는 시절이었다.

(李孝石)

★시드른 잡초가 발아래에 부드럽고, 익은 곡식 냄새가 먼 데서 흘러온다.

(李孝石)

★추석(秋夕) 가까운 날씨는 해마다의 그때와 같이 맑았다.

(李泰俊)

★우물가에 서 있는 오동나무는 벌서 잎사귀들이 모두 떨어지고, 누렇게 벌레 먹은 것 두어 개가 뎅그렇게 달려 있는 모양이 애

처러웁다 못하여 보기에 딱하였다.

(張德祚)

4. 겨울

朴泰遠 編

★겨울이 왔다. 하-얀 당초 가루 같은 독살스러운 눈이 나리더니, 당장, 뜨물이 얼고, 수채구멍이 막히다 못해 딴살이 돋고, 거리에는 감정 얼음이 박쥐 눈알 반드기듯 오종총히 배겼다.

(崔泰應)

★대지(大地)를 봉쇄(封鎖)한 겨울은 뼈만 남은 나무가지를 무섭게 울리면서 눈바람을 몰아친다. 그러나 북악산(北岳山)의 청청한 잔솔은 서리ㅅ발을 무릅쓰고 씩씩하게 돌 틈에 뿌리를 박고 섰다.

(李箕永)

★서풍(西風)이 불고 서리가 내리기 시작하였다. 찬 기운은 헐벗은 우리를 위협(威脅)하였다.

(崔鶴松)

★겨울 일기로는 유난히 따뜻한 날씨였다. 거리마다 눈이 녹아서 땅이 질축하였다. 바람도 볼따귀와 코에 훗훗하였으며, 외투도 없이 그는 『코루덴』 상의(上衣) 하나만으로서도 푸근하였다.

(安懷南)

★인생(人生)에 피로(疲勞)한 자여, 겨울 황혼의 한강(漢江)을 찾지 말라. 죽엄과 같이 냉혹(冷酷)한 얼음ㅅ장은 이 강을 덮고, 모양 없는 산과 벌에 잎 떨어진 나무가지도 쓸쓸히, 겨울의 열(熱)없는 태양(太陽)은 검붉게 녹슬어 가는 철교(鐵橋) 위를 넘지 않는가……

(朴泰遠)

5. 해·달·별·하늘·구름

朴泰遠 編

★소복히 자란 길옆의 풀숲으로 입하(立夏) 지난 해ㅅ볕이 맑게 드리웠다.

(蔡萬植)

★정거장(停車場) 가까운, 연기(煙氣)와 소음(騷音)에 잠긴 서쪽 하늘에는 충혈(充血)된 눈처럼 시뻘건 저녁 해가 기울어져 있다.

(李泰俊)

★밤중이 훨씬 지나 잠이 깨였다. 조고만 들창으로나마 달이 서리처럼 뿌—옇게 들어 있었다.

(李泰俊)

★이지러는 졌으나, 보름을 갓 지난 달은 부드러운 빛을 흐뭇히 흘리고 있다.

(李孝石)

★내ㅅ물은 달빛에 어른어른하고, 저편 백(白)모래밭에는 돌비늘이 반짝반짝 빛나는데, 이편 언덕 위로는 포푸라의 푸른 숲이

어슴푸레한 그림자를 던지고 있다.

(李箕永)

★동지(冬至)를 앞둔 겨울밤의 달빛은 서리가 내리느라고 더 한 층 희고 푸르다.

(嚴興燮)

★달이 참 밝은가 보다. 적은 유리창으로 들어오는 달빛으로 해서 이 방 안이 이렇게 밝을게는―. 어떻게 환한지 방에 물체(物體)들이 윤곽(輪廓) 하나 그르트리는 일 없이 분명(分明)하다.

(崔貞熙)

★그날 밤, 서울 하늘은 별마다 금강석(金剛石)처럼 찬란(燦爛)하였다.

(李泰俊)

★눈앞으로는 설화산 쪽이 아지랑이 속같이 몽롱한데, 푸른 하늘에는 뭇별이 깜박깜박 눈웃음을 치고 인간(人間)을 나려다본다.

(李箕永)

★골목 지붕에들 눈은 그대로 허―여니 쌓여 있었다. 전선(電線)줄이 앵앵 우는 검푸른 하늘에는, 별들이 새로 켜진 촉불처럼 파들거린다.

(李泰俊)

★옛 성 모퉁이 버드나무 까치 둥우리 우에 푸르둥한 하늘이 얄게 드리웠다.

(李孝石)

★아침에는 명랑(明朗)하던 하늘이 저녁때부터 구름이 끼기 시작한다. 변덕 많은 가을 일기가 금시에 무엇이 올 것 같기도 하다.

(李箕永)

★하늘은 이름조차 오월의 하늘……. 한껏 맑고 푸르렀다.

(蔡萬植)

★구름이 지내가느라고 그늘이 한때 덮였다가 도루 밝어진다.

(蔡萬植)

★하늘은 천 리같이 티었는데 조각구름들이 여기저기 널리었다. 어떤 구름은 깨끗이 바래 말린 옥양목처럼 흰 빛이 눈이 부시다.

(李泰俊)

朴泰遠 編

6. 새벽·아침·낮·저녁·밤

★동네는 죽은 듯이 고요하다. 밤중까지 몹시 짖던 개들까지도 이제는 새벽 단잠이 들었는지, 이따금 툭툭 날개를 치고 닭 우는 소리만이 마을 공기를 흔들 뿐이다.

(嚴興燮)

★검푸른 하늘빛이 동편 하늘에서부터 차차 익은 수박 속같이 붉어 온다.

(李益相)

★새벽녘이다. 달이 지니 바깥은 검은 장막이 내렸다.

(金裕貞)

★영창에 볕이 방긋 오르고, 부엌에 아침 설거지를 하는 그릇 소리가 없어지고, 올아범ㅅ댁이 건넌방으로 들어갔을 때.

(朴魯甲)

★그러나 밝는 날 아침은 하늘은 너무나 두껍게 흐려 있었고, 거친 바람은 구석구석에서 몰려나오며 눈ㅅ발조차 히끗히끗 날리

었다.

(李泰俊)

★이 집 저 집서 일꾼 나오는 것이 멀리 보인다. 연장을 들고 밭으로 논으로 제각기 흩어진다. 아주 활짝 밝았다.

(金裕貞)

★해가 뜨느라고 갈모봉 마루터기가 붉으레 붉어 오른다. 하늘은 구름 한 점 없고 차가웁게 푸르렀다.

(蔡萬植)

★사월의 긴긴 해에 한낮이 훨신 겨워 거진 새 때가 되었으니, 안 먹은 점심이 시장하기까지 하다.

(蔡萬植)

★저녁이 들자 바람은 산들거린다. 그는 바깥뜰에 보릿ㅅ짚을 깔고 앉아서 동무 오기를 고대(苦待)하였다.

(金裕貞)

★저녁때, 비가 잠깐 개이고 인왕산(仁旺山) 머리에는 채 넘어가기 전의 햇ㅅ볕조차 보였다.

(朴泰遠)

★약물같이 개운한 밤이다. 버들 사이로 달빛은 해맑다.

(金裕貞)

★어슴푸레한 황혼(黃昏)이 차차 어둠의 장막(帳幕)으로 쌓여 가는데 적막한 산촌(山村)은 죽음의 나라같이 괴괴하였다.

(李箕永)

★어린 아이들은 모두 잠들고 학교 다니는 아이들은 눈에 졸음이 잔뜩 몰려서 입으로만 소리를 내어 글을 읽는다.

(田榮澤)

朴泰遠 編

★첫 겨울 추운 밤은 고요히 깊어 간다. 뒤ㅅ 들창 바깥에 지내 가는 사람 소리도 끊어지고, 이따금 찬바람 소리가 획 우수수 하고, 바깥의 춥고 쓸쓸한 것을 알리면서 사람을 위협(威脅)한다.

(田榮澤)

★하늘엔 여전히 별만 뜨고, 바람은 싸늘한 채로 밤은 깊어갔다. 개 소리도 끊어졌다.

(崔貞熙)

★하늘엔 별만 뜨고 바람은 싸늘하였다. 홰ㅅ불과 장작 불빛이 없는 마을의 밤은 무척 무섭고, 등ㅅ불 하나 켜지 않은 집들이 무서운 짐승같이 엉금엉금 앞으로 기어 오는 듯하였다.

(崔貞熙)

★옥새가 바삭바삭 맞부비는 야릇하고 갑갑한 소리가 나자, 무슨 새인지 『빽!』 하고 외마디소리를 지르고 날러간다. 벌서 지랑 폭에는 이슬의 축축히 내렸다.

(李箕永)

★하늘은 흐리어 별도 없는 밤이다.

(李泰俊)

7. 비·우뢰·바람·눈·서리·얼음

朴
泰
遠
　編

★비ㅅ방울은 벌서 유리창에 날버레 떼처럼 매달리고 미끄러지고 엉키고 또그르 궁글고 홈이 지고 한다.

(鄭芝溶)

★불은 껐으나 나무 숲 우거진 뜰에서 비 맞는 전등이 달처럼 후련히 비친다.

(李泰俊)

★해 뜨고 가는 비가 부실부실 내리는 오후(午後)다.

(朴泰遠)

★비는 마치 밤이 새기 전에, 있는 대로 몽땅 응어리를 빼려는 것같이 퍼부었다.

(李箕永)

★밤은 어느 때나 되었는지 비는 여전히 주룩주룩 내린다. 신문지(新聞紙)를 바른 벽(壁) 위로는 빈대가 설설 기어 나온다.

(李箕永)

★비는 연 사흘째 퍼붓는다. 올해야말로 오종모를 심어서 착실 (着實)하게 된 벼가, 뜻밖에 수해(水害)를 당할 것 같다.

(李箕永)

★밤이 밝자면 아직도 한참이다. 비가 퍼붓듯 내리더니 이제는 바람이 불고 우뢰가 울고 번개가 칩니다.

(崔貞熙)

★새벽 천둥은 더 한층 무서운 것 같다. 그리자 번개ㅅ불이 하늘 복판을 짝 찢고 눈이 부시게 번쩍이며 우박 같은 비ㅅ방울이 쏟아진다.

(李箕永)

★질 무렵의 해ㅅ빛은 마지막으로 따뜻한 기운을 놓았고, 솔솔 바람 남풍(南風)은 언제까지나 부드럽게만 불어왔다.

(安懷南)

★오월도 스무하루니, 바람은 훈훈함을 지나쳐 검정 학생복이 저으기 더울 지경이다.

(蔡萬植)

★오월의 향기로운 바람은 그 골목 안에도 가득하였다.

(朴泰遠)

★강바람도 이제는 늦은 가을이라 적지 아니 차가워서 찬물에 손을 담그기가 진절머리가 나고, 날이 흐려 바람이나 있는 날엔 등허리에 소름이 쪽쪽 끼친다.

(金南天)

★이미 겨울이다. 해ㅅ살은 있어도 제법 쌀쌀한 천변(川邊) 바람을, 더구나 마주 안고 나려가려니, 이제까지 방 속에 있다 나온 몸이 으쓱으쓱 춥다.

★강바람은 거의 끊임없이 불어왔다. 그 사나운 바람은 얼음 위를 지나는 사람들의 목을 움추리게 하였다.

(朴泰遠)

★오막살이 뚫어진 창구멍으로는 억센 바람이 기어들어 온다.

(嚴興燮)

★이번 겨울 들어 첫 추위라, 매운바람이 등곬으로 슴여드는 것이 유달리 차가웁다.

(金南天)

★능금나무 가지를 간들간들 흔들면서 벌판을 불어오는 바다바람이 채 녹지 않은 눈 속에 덮인 종묘장(種苗場) 보리밭에 휩쓸려 도야지 우리에 모지게 부디친다.

(李孝石)

★벌써 상점(商店)들은 문을 닫힌 데가 많다. 불빛 흐린 포도(舖道)에는 도리어 눈송이 날리는 것이 아름답다.

(李泰俊)

★장갑을 벗어도 손은 시리지 않다. 손ㅅ등에, 얼굴에, 목덜미에, 눈송이의 체온(體溫)은 착근거린다. 발에서는 벌서 뽀드득 소리가 날만치 눈은 두껍게 덮이었다.

(李泰俊)

★사흘이나 눈이 오고 또 사흘이나 눈보래가 치고 다시 며칠 흐렸다가 눈이 오고, 그리고 날이 들고 따뜻해졌다. 처마 끝에서 눈 녹는 물이 비 오듯 하는 날 오후인데 그 가엾은 아가씨가 나타났다.

(李泰俊)

★하루는 다시 추어져 싸락눈이 사륵사륵 길에 떨어져 구으는

날 오후이다.

(李泰俊)

★지붕이랑 마당에는 된서리가 뽀—얗게 내렸다. 마당 한가운데로 멍석과 가마니 폭을 여러 잎이 둘려 펴고, 볏ㅅ단을 수북히 져다 부렸다.

(蔡萬植)

★발구락이 시린 고무신 바닥에서는 서리ㅅ발이 짓밟히느라고 바시락바시락 가벼운 소리가 흘렀다.

(嚴興燮)

★동지(冬至)를 끼고 며칠 동안을 찬바람은 내리 때렸다. 논배미, 길바닥, 개울창25)은 바위처럼 모두 얼어붙었다.

(嚴興燮)

★어제까지 푸른 강물이 찬바람에 하물하물 떨고 있더니, 오늘 아침 추위에 조양천(朝陽川)은 백양가도(白楊街道)에서부터 천주봉(天柱峯) 밑 저쪽까지 유리ㅅ장 같은 매얼음이 짝 건너 붙었다.

(金南天)

---

25) (엮은이) 개울창: 개골창. 수채 물이 흐르는 작은 도랑.

8. 바다·배·섬·港口·江

★차창(車窓) 밖에는 바다가 열린다. 운무(雲霧) 자욱한 수평선(水平線) 우에 배들이 떠 있다. 실오리처럼 가늘게 연기만 남을 뿐, 선체(船體)는 수평선 넘어로 거의 사라져 없어지는 기선(汽船)도 있다.

(李泰俊)

★파도(波濤)는 정말 소리만 들어도 무서웠다. 비도 채쭉처럼 휘어박지만 비ㅅ소리쯤은 파도가 쿵 하고 나가떨어진 뒤에 슬어지는 거픔 소리만도 못한 것이오. 다만 이따금 머리 위에서 하늘이 박살이 나는 듯한 우뢰ㅅ소리만이 파도와 다투어 기승을 부린다.

(李泰俊)

★마스트 끝에 붉은 기(旗)가 하늘보다 곱다. 감람(甘藍) 포기포기 솟아오르듯 무성(茂盛)한 물이랑.

(鄭芝溶)

★『방산』(盛漁期)도 지냈으니 쓸쓸해서 그럴까? 바다ㅅ가엔 놀 만 처량하다. 어느 틈에 포구(浦口)를 빠져났다 싶은데 돌아다보니

뒤로 뒤로 물러앉은 높고 낮은 구릉(丘陵)이 출렁거리는 물ㅅ결을 따라 그대로 부동(浮動)한다.

(石仁海)

★바다도 푸르고 하늘도 푸르러 천 리로 티었는데, 가뭇없는 수평선(水平線) 넘어로 하얀 돛이 드문드문 남실거리고 갈매기 흰 깃에도 활짝 든 볕이 구김새 없이 빛난다.

(石仁海)

★이날은 특별히 날이 맑고 바람이 잔잔해서, 온 바다는 유리와 같이 태양(太陽)을 반사(反射)하고 있었다. 그리고 바다의 끝에서 끝까지 티 하나 없이 내다보이고, 간혹 섬 중에서 가까운 것은 그 우에 수풀이 우거진 것까지 빤하게 건너다 보였다.

(全武吉)

★멀리 까뭇까뭇하게 고기잡이배가 유한스럽게 떠 있는 것이 점점이 보이고, 가끔 조고만 발동선(發動船)이 연기를 내뿜으면서 달아나는 것도 모두 아름다운 풍경(風景)이었다.

(全武吉)

★간혹 배ㅅ전을 출렁출렁 치는 물소리가 어린 생도들의 가슴을 놀래어 주기도 하였으나, 얼마 후에는 모두 그 소리에 익어져서 도리어 감흥(感興)을 주었다. 벌서 손을 배ㅅ전 밖으로 내어 밀고 물에 담그는 아이까지 생겼다.

(全武吉)

★좌우전후(左右前後)가 물뿐이오, 다른 대상(對象)이 없는지라, 가는지 오는지 하리만큼 둔(鈍)하여 보이던 배도 어느덧 항구(港口)에서 멀기를 삼 리(三 里)가량이나 되리만큼 밀려 나왔다. 망망(茫茫)한 바다라는 형용사(形容詞)가 이래서 생겼구나… 하리만큼 거

침없이 눈에 띠어 들어오는 시야(視野)의 넓이가 무릇 수백 리에 뻗힐 듯하였다.

(全武吉)

★하늘과 바다와 입 맞후는 곳— 멀게 가까웁게 크게 적게 이름도 모를 섬들. 자연(自然)이 만들어 놓은 향기로운 방축 명사십리(明沙十里) 달은 밝고 바람은 자는 바다 위.

(朴泰遠)

★백양(白楊)나무가 늘어진 사이로 새 풀이 우거져서, 섬 속은 단 걸음에 뛰어 들어가고도 싶게 왼통 푸르게 엿보였다.

(李孝石)

★배는 갑판(甲板) 우에 선 사람들의 얼굴을 알아볼 수 없으리만치 멀어졌다. 꼬리에서 흰 물ㅅ결이 올려 솟더니, 배는 그제야 제 속력(速力)대로 미끄러지기 시작한다. 갑판 우의ㅅ 사람들이 소리를 지르며 손을 젓는다.

(李泰俊)

★배는 질서 정연(秩序 整然)하게 출범(出帆)을 진행(進行)하였다. 부두(埠頭) 쪽으로 비스듬하던 선체(船體)가 바로 서고 한 머리가 돌기 시작하며 『테이프』들이 끊어지고 배ㅅ머리가 온전히 태평양(太平洋)을 향해 돌아서자, 승객(乘客)들이 섰던 갑판(甲板)의 위치(位置)도 바꿔지었다.

(李泰俊)

★고요한 비ㅅ소리 속에 우렁찬 배고동 소리가 가끔 울려온다. 배고동 소리가 끝나면, 쏴아 쏴 하는 파도 소리도 들리는 것 같다.

(李泰俊)

★고개 넘어는 바로 개울이었다. 장마에 흘러 버린 널다리가 아

朴泰遠 編

직도 걸리지 않은 채로 있는 까닭에 벗고 건너야 되었다. 고의를 벗어 띠로 등에 얽어매고 반벌거숭이의 우습광스런 꼴로 물속에 뛰어들었다. 금방 땀을 흘린 뒤었으나, 밤물은 뼈를 찔렀다.

(李孝石)

★파탈하고 발 벗고 강(江)으로 나간다. 대동문(大同門) 나루ㅅ배로 대안(對岸) 모래판에 가, 발을 물에 잠그고 백사장(白沙場)에 번듯이 누어, 유유창천(悠悠蒼天)의 뜬구름을 쳐다보는 것도 좋다.

(崔明翊)

★무르익은 녹음(綠蔭)의 유경(柳京) 백은탄(白銀灘) 여울ㅅ가에 능라도(綾羅島) 버들 그림자가 짙으면 짙을수록, 대동강(大同江)의 제철은 한창이다.

(崔明翊)

★서선지방(西鮮地方)의 그 도회(都會)는, 산도 아름다우려니와 물의 고을이어서 여름 한철이면 강 우에는 배가 혼하게 떴다. 나루ㅅ배 외에 지붕을 덩그렇게 단 노리ㅅ배와『뽀우트』와『모우터 뽀우트』가 강 위를 촘촘하게 덮었다. 노리ㅅ배에서는 노래가 흐르고 춤이 보여서 무르녹은 나무 그림자를 띠운 고요한 강 위는 즐거운 유원지(遊園地)로 변한다.

(李孝石)

★배로 강을 건너 반월도(半月島)에 이르렀다. 강 위에는 수없이 배가 닻고 언덕과 섬에는 사람들이 들끓었다.

(李孝石)

9. 거리·길·公園·山·들

朴泰遠 編

★거리에는 비가 이때껏 흐느끼고 있는데, 어둠과 안개가 길에 기고 있다.

(鄭芝溶)

★추위를 재촉하는 궂은비가 간밤에 지나간 가을의 거리.

(朴泰遠)

★한길 복판을 전차가 지났다. 자동차가 지났다. 자전거와 함께 휘파람이 지났다.

(朴泰遠)

★집 바로 앞에는 호남지방(湖南地方)으로 통하여 가는 일등도로(一等道路)가 놓여 있다. 그 길에는 날마다 자동차, 짐차, 인력, 말, 소 같은 것이 끊임없이 지나간다.

(李益相)

★온천(溫泉) 가는 넓은 도로(道路)가 철로(鐵路)와 나란히 누어서 남쪽으로 줄기차게 뻗혔다. 저무러 가는 강산(江山) 속에, 아득하게

뻔힌 이 두 줄의 길이 새삼스럽게 그의 마음을 끌었다.

(李孝石)

★천변(天邊)을 등(燈) 장사가 지난다. 등은 무던이나 색스럽고, 풍경(風景)은 그의 느린 한 걸음마다 고요하고 또 즐거운 음향(音響)을 발(發)한다. 날도 좋은 오늘은 바로 사월 파일—.

(朴泰遠)

★다른 때 같으면 나는 으레 풍경(風景) 좋은 해안통(海岸通) 길을 택(擇)할 것이나, 되도록 급(急)하게 가고자 골목ㅅ길을 달음질쳤다.

(崔貞熙)

★이렇게 밤늦어 등ㅅ불 없는 길은 어둡고, 낮부터 내린 때 아닌 비에 골목 안은 골라 디딜 마른 구석 하나 없이 질적거린다.

(朴泰遠)

★나는 그대로 공원(公園) 안으로 들어갔다. 간밤에 내린 비는, 이곳 풍경(風景)을 좀 더 색막(索漠)하게 하여 놓았다.

(朴泰遠)

★공원(公園) 나무숲에 새들이 날아든다, 재재거린다. 황혼(黃昏)은 그 우에 나리고, 어느 틈엔가 아이들은 이곳에 없다. 공원직이가 세 명, 마당에 물을 뿌리고 비질을 한다.

(朴泰遠)

★공원(公園) 『뻰취』에 가 오늘도 나는 앉어 있었다. 나무 잎새 우거진 이 아늑한 자리에서는, 공원 한복판의 빈 터전과 그 터전 건너편의 분수탑(噴水塔)이 보인다.

(朴泰遠)

★뿌—연 달밤에 분수(噴水)만이 즐겁게 올려 뽑는다. 서늘한 바람

이 휙 와 안기며 안개 같은 분수 방울을 뜨거운 얼굴에 뿌린다.

(李泰俊)

★바위 위에 잔솔이 서고, 잔솔 아래는 이끼가 빛을 자랑한다. 굽어보니 바위 아래는 몇 포기 난초가 노란 꽃을 벌리고 있다. 바위에 부디치는 산ㅅ바람에 너울거리는 난초 잎.

(金東仁)

★산(山)허리는 왼통 모밀밭이어서 피기 시작한 꽃이 소금을 뿌린 듯이 흐뭇한 달빛에 숨이 막혀 한다.

(李孝石)

★길이 좁은 까닭에 세 사람은 나귀를 타고 외줄로 늘어섰다. 방울 소리가 시원스럽게 달랑달랑 모밀밭께로 흘러간다.

(李孝石)

★다시 도랑으로 나려왔다. 나비가 날을 뿐, 매암이가 울 뿐, 백화(白樺)숲이 앙바틈이 우거졌다.

(李泰俊)

★철로(鐵路)를 끼고 올러가, 정거장(停車場) 앞을 지나, 오촌포 행길에 나서니, 장 보고 돌아가는 사람의 그림자가 보인다. 산모퉁이가 바다바람을 막아, 아늑한 저녁 빛이 행길 위를 덮었다. 먼 산 우에는 전기(電氣)의 고가선(高架線)이 솟고, 산 밑을 물줄기가 돌아나렸다.

(李孝石)

★앞은 산 밑에서부터 훤하니 퍼져 나간 들판, 들판이 다달은 곳에는 암암한 먼 산이 그림 같다.

(蔡萬植)

★호랑이가 나온다는 첩첩장산 『수리산』이 덮쳐누르듯 바로 전

면(前面)을 가루막고 있어, 벽과 코를 대고 앉는 것처럼 답답하다.

(蔡萬植)

★옥수수 밭은 일대 관병식(一大 觀兵式)입니다. 바람이 불면 갑주(甲冑) 부디치는 소리가 우수수 납니다.

(李 箱)

★이쪽 숲 앞으로 터진 들 안에는 장ㅅ잎이 갈라진 벼 포기가 일면(一面)으로 퍼―렇고, 멀리 보이는 설화산이 가물가물 남쪽 하늘가에 다았다.

(李箕永)

★원두막은 앞산 모통이 개울 옆으로 기다랗게 생긴 원두 밭뚝에다 지었다. 거기는 내ㅅ물 소리가 쏴―하게 들리고 물에서 일어나는 서늘한 바람이 원두막 위로 솔솔 불어온다.

(李箕永)

★태조봉 골자기에서 나오는 물은 『향교말』을 안고 돌다가 동구 앞 버들 숲 사이를 뚫고 흐르는데 『동막골』로 넘어가는 실뱀 같은 길이 개울 건너 논뚝 밭뚝 사이로 요리조리 꼬불거리며 산잔등으로 기어올라 갔다. 그 길ㅅ가 내뚝 옆에 늙은 상나무 한 주가 등 곱은 노인이 지팽이를 집고 있는 형상을 하고 섰는데, 그 언덕 옆으로는 돌담으로 쌓은 옹달샘이 있고, 거기에는 언제든지 맑은 물이 남실남실 두던을 넘어 흐른다.

(李箕永)

10. 집·村落

朴
泰
遠
編

★바닷소리가 들리고, 바다에서 오는 미역 냄새가 좋고, 매암이 소리가 들려서 낙원(樂園) 같은 우리 집.

(崔貞熙)

★거리가 치웁고 바람이 불사록 환한 등불이 비친 방 안은 더욱 평화(平和)하고 행복(幸福)스러워 보이는 것입니다.

(安懷南)

★집은 대문에 쇠가 잠겨 있었다. 빈집이라 계약(契約)만 잘되면 곧 옮길 수 있는 것이 기뻐서, 나는 집주름이 집주인을 데리러 비오는 산모통이를 돌아간 뒤에, 대문 밖에 우산을 받은 채 우두커니 섰다가 집 울타리 밖을 몇 번 휘— 돌아보기도 하였다.

(崔貞熙)

★가난한 소학교 교원의 거처하는 집은 역시 상상하였던 바나 한가지로 적고 또 보잘것없었다. 마당보다 문전의 길이 높아 문지방은 거의 땅속에 파묻히고, 대문은 오른편으로 약간 쏠린 것이

새로 중창할 예산까지 쳐 보지 않고서는 누가 쉽사리 사러 들 듯 싶지 않았다.

(朴泰遠)

★이십 년이라면 결코 짧은 시일(時日)일 수 없다. 그 사이를 꿈같이 지내 온 집이, 하루아침 남의 손에 넘어가자 이렇게 하숙옥(下宿屋)이 되어 버리리라고는 참말 뜻밖이었다.

(朴泰遠)

★한약국(韓藥局)집 문전에 구루마가 한 대 놓이고, 동리 아이들이 오륙 명이나 그 주위에 모여 있다. 언제나 시퍼런 코를 흘리고 있는 만돌이가 가장 자랑스러이 그 아이들을 둘러보고, 「너, 우리 집이 이사 간다. 이사 가아.」 아까부터 벌써 몇 번쨴가 그것을 되풀이 말하였다.

(朴泰遠)

★오 리를 가다가 혹 십 리를 지나서 몇 채의 호인(胡人)의 집들이 있다. 집들은 크고 육중한데 창문은 하나나 혹 둘이 그 넓은 벽에 조고맣게 뚫렸다. 마적(馬賊)과 바람을 막기에는 적당하다고 생각하였다. 어둡고 우중충한 그 속은 아편(阿片) 냄새와 도야지 기름과 수박씨가 있을 것이다.

(李善熙)

★마을이라고는 하여도 듬성한 인가(人家)가 산허리 군데에 헤일 정도로밖에는 들어서지 않은 평퍼즘한 산ㅅ골.

(李孝石)

★꾸물꾸물 게딱지 같은 지붕이 옹기종기 다닥다닥 붙어 있는 조고마한 마을이다. 뒤로는 나즈막한 시커먼 솔밭이 보인다. 솔밭 아래로는 게딱지 지붕을 무시(無視)하는 듯이 커다란 기와집이 서

너 채나 서 있다.

(嚴興燮)

★건너편 산속에서 그윽히 우는 뻐꾹새 소리를 들으면서 이윽고 동네 어구에 당도하였다. 사람의 그림자 하나도 구경을 못 하다가 누렁개가 컹컹 짖어서 겨우 인간 사는 곳에 온가 싶었다.

(蔡萬植)

★형무소(刑務所) 붉은 담을 끼고 돌아서, 다시, 무학산(舞鶴山)을 바라보며 얼마를 더 가면, 거적과 흙빛 녹슬은 양철 조각과 채 검은 빛도 아닌 썩은 판자 쪽으로 더덕더덕 기웁듯 발려진 움집들이 아기자기 들어박힌 빈민굴(貧民窟)이 있다.

(崔泰應)

★호인(胡人)의 부락(部落)에 이르면 옥수수와 감자가 산ㅅ덤이같이 쌓여 있고, 조 이삭이 허리를 두르고도 남을 만치 길다. 울타리도 없는 마당에 벼개통만큼 한 감자를 도야지 떼들이 파먹고 돌아간다.

(李善熙)

11. 汽車

★기차를 타면 참 상쾌하여진다. 아니, 그것이 달아나고 있는 것을 그냥 바라보기만 하여도 그러하다. 크게 소리를 지르며 굉장히 연기를 토한다. 무섭고 튼튼하게 된 몸뚱이가 길다래서 산모퉁이를 돌 때면 꿈틀거린다. 순식간에 굴속을 빠져나와서는 덜덜거리면서 철교 위를 지나간다. 정말 장쾌하다.

(安懷南)

★시간을 또박또박 맞후어 기차는 언제든지 지나간다. 길다란 몸둥아리가 동리 앞으로 쭉 뻗힌 철로를 술술술술 내닫는다. 굴속으로 들어갈 때에는 산이 막혀서 차 가는 소리가 잠시 조용하지만, 조금 있으면 또다시 우렁차게 사방을 진동한다.

(安懷南)

★멀리서는 삐이익 하고 크게 호통을 치고, 가까웁게 와서는 칙칙푹푹 칙칙푹푹 하며 야단스럽다. 산모퉁이를 돌고 논 옆을 지나고 철교 위를 달린다. 꿈을 잔뜩 실고서 살같이 지평선(地平線)을 향하여 내닫는다. 누가 보아도 통쾌하다.

★봉천(奉天)으로 가는 차(車)였다. 고달픈 나그네들의 단잠을 실은 차가 밤 깊은 대구역(大邱驛)에 닸다.

★찬바람이 휙 앞을 스치고 불시에 일신이 딴 세상에 뜬 것 같았다. 눈 보이지 않고 귀 들리지 않고 잠시간 전신이 죽고 감각(感覺)이 없어졌다. 캄캄하던 눈앞이 차차 밝어지며 거물거물 움지기는 것이 보이고 귀가 뚫리며 요란한 음향(音響)이 전신을 쓸어 없샐 듯이 우렁차게 들렸다. 우뢰 소리가…… 바다 소리가…… 바퀴 소리가…… 별안간 눈앞이 환해지더니 열차(列車)의 마지막 바퀴가 쏜살같이 눈앞을 달아났다.

★걸어가는 그의 등 뒤에서는 산모퉁이를 돌아 나오는 기차(汽車) 소리가 아련히 들린다.

★들 가운데 조고만 산모퉁이를 지나, 기차가 작난ㅅ감같이 아물아물 기어간다.

★기차가 달빛 속에 파아란 불을 반짝이며 배암처럼 꼬리를 흔들고 산모퉁이로 돌아간 후, 나는 그제야 아무도 없는 플랱홈에 혼자 서 있는 것을 알았다.

★호남선(湖南線) 선로(線路)가 눈앞에 달아난다. 그리고 멀리 보이는 정거장 구내(構內)의 신호등(信號燈)이 하늘에 약간 남아 있는 별과 함께 반짝거린다.

(李益相)

★차(車) 떠난 뒤의 정거장은 언제든 쓸쓸하다. 사람은 차마 그
곳에 오래 머물러 있지 못하다.

(朴泰遠)

12. 散策·遊山·登山

朴泰遠 編

★날씨가 따뜻하여 산보하기 좋은 때라 하지만, 그 길을 한참 걸어 남산(南山) 밑 산ㅅ길이 되면서는 두서너 패의 산보객(散步客)이 있을 뿐, 무척 한적(閑寂)하였다. 우리는 남산 어느 소나무 서 있는 좀 으슥한 데 가 자리를 잡고 앉았다.

(崔貞熙)

★경성(京城)은 세계에 유례(類例)가 없는 미도(美都)일 것이다. 도회에 거주하며 식후(食後)의 산보(散步)로서 풀대님26) 채로 이러한 유수(幽邃)한 심산(深山)에 들어갈 수 있다 하는 점으로 보아, 경성에 비길 도회가 세계에 어디 다시 있으랴. 회흑색(灰黑色)의 지붕 아래 고요히 누어 있는 오백 년의 도시를 눈 아래 굽어보는 여기 사위(四圍)에는, 온갖 고산식물(高山植物)이 난성(亂盛)하고, 계곡(溪谷)에 흐르는 물소리와 눈 아래 날아드는 기조(奇鳥)들은 완연히 나

---

26) (엮은이) 풀대님: 바지나 고의를 입고서 대님을 매지 아니하고 그대로 터놓음.

로 하여금 등산객(登山客)의 정취(情趣)를 느끼게 한다.

(金東仁)

★가을을 맞는 한 개의 예의(禮儀)로 간밤에 은근히 비 내린 뒤 거리 위에는 일어나는 한 점의 티끌도 없이, 가로수(街路樹) 한 잎의 잎새 속에도 새로운 계절(季節)은 스며 있습니다. 포도(鋪道) 위를 오고 또 가는 우리들의 걸음거리도, 이제는 결코 더위에 쫓기어 황황(惶惶)할 까닭 없이 걸음에 맞추어 단장(短杖)이 울 때, 그 소리 또한 귀에 상쾌(爽快)합니다.

(朴泰遠)

★치어다보는 눈에 별이 반짝이고 어느듯 달도 떴다. 한층 더 높아진 백은탄(白銀灘) 여울 물소리를 남겨 두고, 수은(水銀)빛으로 굼실거리는 달그림자에 매생이를 흘려 돌아간다.

(崔明翊)

★목청을 놓아 노래를 부르면서 돌을 모아서는 화덕을 만든다. 검불을 긁어서 불을 피우고 숯을 얹으니, 산비탈에 때 아닌 아지랑이가 아롱아롱 피어오른다. 이윽고 고기 굽는 연기가 피어오르고 약념 냄새가 사방에 흐터지면서 조고만 살림살이가 벌어지고 사람의 경영(經營)이 흙과 초목 사이에 젖어 든다.

(李孝石)

★혼자 어슬렁어슬렁 자하(紫霞)ㅅ골 막바지로 오른다. 울밀(鬱密)한 송림(松林) 사이에 조곰 완곡(緩曲)은 하다 할망정, 그다지 준급(峻急)하다고 할 수는 없는 길이 우뚝하게 솟은 백악(白嶽)과 엉거주춤하게 어분드리고 있는 인왕산(仁旺山)과의 틈을 뚫고 나가게 된다.

(李秉岐)

★풀밭에 서서 아래를 굽어볼 때, 골자기에는 인가(人家)가 드뭇하고 먼 벌판에는 철로(鐵路)가 뻗혔고 산을 넘은 맞은편 하늘 아래에는, 등지고 온 도회(都會)가 짐작된다.

(李孝石)

★산을 넘고 골자기를 지나고 또 산을 넘었을 때, 몸도 허출해지고 시계도 벌서 낮을 가르킨다.

(李孝石)

★전신(全身)에 꽉 배인 산의 정기(精氣)를 느끼며 훤히 티인 남포가도(南浦 街道)를 걸으면, 걸음걸이에 산 냄새가 떠돈다.

(李孝石)

★그는 창의문(彰義門)으로 나가서 고성(古城)을 끼고 산마루턱으로 올라갔다. 송림(松林) 속에서 일어나는 찬바람이 귀뿌리를 떼어 갈 것같이 매우면서도, 이마에서는 식은땀이 흐르고, 두 발은 후끈후끈 달아올랐다.

(李箕永)

★푸른 하늘이 티어 오는 하늘갓을 막아서고 웃뚝 솟은 삼각산(三角山)은 마치 일타 부용(一朶 芙蓉)이 바야흐로 피어오를 것 같은 선명(鮮明)한 윤곽(輪廓)을 그리고 있다. 봉오리에 백설(白雪)을 이고 늠늠(凜凜)히 섰는 것은 푸른 하늘빛과 알연히 대조(對照)되어서 그것은 더 한층 곱고 숭고(崇高)한 인상(印象)을 자아낸다.

(李箕永)

★『스타킹』위로 벌거숭이 무릎을 통채로 들어내 놓고 등산모(登山帽)를 쓰고, 『류색』을 메고, 『픽켈』을 집고 나선 모양은 완전히 야인(野人)이다.

(李孝石)

朴泰遠 編

13. 장마·가물·큰물·불

★벌서 열나흘째 줄곧 그치지 않는 비다. 삼십 간이 넘는 큰 집 역사에 암캐와만이라도 덮은 것이 다행이나, 목수들은 토역(土役)이 끝나기만 기다리고, 미쟁이들은 겨우 초벽만 쳐 놓고 날 들기만 기다린다. 기둥에, 중방, 안방에, 시퍼렇게 곰팽이가 돋았다. 기대거나 스치거나 하면 무슨 버러지가 터진 것처럼 더럽다.

(李泰俊)

★우리 성북동 쪽 산들은 그저 뽀—얀 이슬비 속에 잠겨 있다.

(李泰俊)

★낮부터 찌뿌드듯 하던 하늘이, 저녁에 들어서 드디어 곪아 터지고야 말았다. 바람도 없고, 비ㅅ줄기도 굵지는 않아서, 소리도 은근하게 주룩주룩 내리는 품이 바로 이른 봄에 꽃 재촉하는 그러한 비나 흡사하였으나, 나중에 생각하여 보아, 그것이 역시 이 여름 장마의 시초이었던 것이다.

(朴泰遠)

★비는 그대로 매일같이 줄기차게 내렸다. 아이들을 가진 집안에서는 병원(病院)과 약국(藥局)에 출입(出入)이 잦었고, 사람들은 차차 너무나 지리한 장마에 멀미가 나기 시작하였다.

(朴泰遠)

★잎잎이 비를 바라나 오늘도 그렇다. 풀잎은 먼지가 보얗게 나플거린다. 말똥한 하늘에는 불ㅅ덤이 같은 해가 눈을 크게 떴다.

(金裕貞)

★닷셋째 가무는 길 위에는 트럭이 지내갈 때마다 흰 먼지가 뽀—얗게 일어난다.

(金南天)

★「올에, 이, 가물려나. 웬 일이야?」「글쎄. 이거, 참, 비 안 와, 큰일이로군.」 이것은 요지음에 이르러 만나는 사람마다가 하루에도 몇 번씩 주고받는 인사다.

(朴泰遠)

★너무 더웁다. 나무ㅅ잎들이 다 축 늘어져서 허덕허덕하도록 더웁다. 이렇게 더우니 시내ㅅ물인들 서늘한 소리를 내어보는 재간도 없으리라.

(李 箱)

★큰비가 온다 치면, 이 『수리산』으로부터 쏟아지는 물이 경사(傾斜)는 급하고 수류(水流)는 짧아, 한꺼번에 와짝 저 앞 개천으로 몰려 닥치느라고 번번이 변고(變故)를 내군 하는 것이다.

(蔡萬植)

★동구 앞에는 사람들이 아까보다도 더 많이 모여서 엄청나게 나가는 앞 내ㅅ물을 기막힌 듯이 내다보고 있다. 물은 그동안에 더 붙은 것같이 왼 들 안이 물 천지다. 이 꼴을 본 마을 사람들은

朴泰遠 編

모두 한숨을 치쉬고 내려 쉬며 제각기 원통한 사정을 애끊게 호소(呼訴)한다. 남의 토지나마 그래도 일 년 농사를 지어서 겨우 연명(延命)해 나가는 그들인데, 다 된 곡식을 물속에 처넣으니, 그들은 참으로 산 모가지를 잘리는 것과 일반이었다.

(李箕永)

★물은 개천ㅅ벽에 가 뚫려 있는 토관(土管) 구멍에까지 올러왔고, 사나운 물ㅅ결 우에 차차 크고 적은 널ㅅ조각이며, 오리목 토막이며, 낡은 밀집 벙거지며, 그러한 것들이 떠나려오기 시작하였다. 날은 어느 틈엔가 완전히 밝고, 양쪽 천변(川邊)에는 그 우중(雨中)에도 물 구경 나온 사람이 많았다.

(朴泰遠)

★『여보! 치마에 불 붙소! 감투에 불똥 떨어졌소!』―목이 터지게 제각기 천호만호(千呼萬呼)하여야 천생 들어 먹어야지. 그러나 자기 집 앞 판장이 후르를 타오르며 쓸어지려는 것이 들창 구멍으로 힐끗 보이자, 영감도 그제야 위급(危急)한 줄 알았든지, 한 손에는 머리의 감투를 움켜쥐고, 한 손에는 담배ㅅ대와 너털뱅이 우산(雨傘)을 겹쳐 들고, 비로소 들창으로 허비적거리며 나온다. 소리소리 지르며 발을 구르던 사람은, 꽉 막혔던 가슴이 탁 터지는 것같이 숨을 돌렸다.

(廉尙燮)

★불은 어느 틈에 천정을 뚫고 밖으로 내뻗혔다. 시꺼먼 연기와, 재와, 시뻘건 불ㅅ길과, 타는 소리와, 타서 집이 내려앉는 소리와, 이런 것이 더해 갈수록 그는 더 소리를 지르며 울었다.

(崔貞熙)

★불ㅅ길이 천정에 올려 뻗히고 후룩후룩 소리를 내며 활활 타

는 것을 보고, 색씨는 겁이 나서 마당으로 뛰어나려 와서 고함(高喊)을 지르며 아래위로 뛰었다. 동네 개들이 몰려와서 그와 함께 뛰며 짖었다.

(崔貞熙)

朴泰遠 編

14. 生活·勤勞·가난·病

★생소(生疎)한 산천(山川)이오 생소한 사람들이니 어디 가 어쩌면 좋을지? 의논할 사람도 없었다. H라는 촌ㅅ거리에 세ㅅ방을 얻어 가지고 어름어름 하는 사이에 보름이 지나고 한 달이 넘었다. 그 사이에 몇 푼 남었든 돈은 다 집어 먹고, 밭은 고사하고 일ㅅ자리도 못 얻었다. 나는 팔을 걷고 나섰다. 이리저리 돌아다니면서 구들도 고쳐 주고 가마도 걸어 주었다. 이리하여 근근(僅僅)이 호구(糊口)를 하여 갔다.

(崔鶴松)

★H장은 좁은 곳이다. 구들 고치는 일도 늘 있지 않었다. 그것으로 밥 먹기는 어려웠다. 나는 여름 불볕에 삯김도 메고, 꼴도 비어 팔았다. 그리고 어머니와 안해는 삯방아 찧고, 강ㅅ가에 나가서 부스러진 나무개피를 줏어서 겨우 연명(延命)하였다.

(崔鶴松)

★고개 마루턱에 겨우 올라서자, 휘유 훅, 쟁그럽게 숨을 몰아쉬

면서 한 옆으로 나뭇 지게를 바쳐 놓고 일어선다.

(蔡萬植)

★인간(人間)이란, 조고만 일에는 결심(決心)하기에 달렸다 할 수 있다. 몸 성하고 건강(健康)한 그가 주먹을 부르쥐고 나서니까, 살기 어려운 세상이라도 간신히 연명(延命)은 해 갈 수 있었다.

(李箕永)

★그 전에는 좀 느리다는 평판(評判)을 받던 그가, 이를 깨물고 나서서 부지런히 노동(勞動)일을 하였다. 단 돈 한 푼이라도 생기는 일이라면 불원천리(不遠千里)하고 대들었다.

(李箕永)

★장마가 저서 큰물이 난 후로는 볕이 따겁게 쪼이기 시작해서, 마을 사람들은 쉴 새 없는 일에 무시로 땀을 철철 흘렸다.

(李孝石)

★땅은 달아서 뜨거운 김을 턱 밑에다 풍긴다. 호미를 옴겨 찍을 쩍마다 무더운 숨을 헉헉 뿜는다. 가물에 조 잎은 앤생이다. 가끔 엎드려 김매는 이의 코며 눈퉁이를 찌른다. 호미는 퉁겨지며 쨍 소리를 때때로 낸다. 곳곳이 박인 돌이다. 예사 밭이면 한 번 찍어 넘길 걸 서너 번 안 하면 흙이 일지 않는다. 코ㅅ등서 턱에서 땀은 물 흐르듯 떨어지며 호미ㅅ자루를 적시고 또 흙에 스민다.

(金裕貞)

★그들은 묵묵하였다. 조밭 고랑에 쭉 늘어 박여서 머리를 숙이고 기어갈 뿐이다. 마치 땅을 파는 두더지처럼—입을 벌리면 땀 한 방울이 더 흐를 것을 염려합니다.

(金裕貞)

★김 씨(金 氏)집 굴뚝에서는 인제야 연기가 모락모락 나왔다. 사

실, 오늘도 날이 저물도록 아무 도리 없이 어른 아이가 감감히 않었다가 딸이 옷을 갈아입으려 오는 길에 몇 원(圓) 내어놓은 것으로 우선은 살아난 듯이 활기(活氣)가 난 것이다.

(廉尙燮)

★나는 이때부터 비로소 무서운 인간고(人間苦)를 느꼈다. 아아 인생(人生)이란 과연 이렇게도 괴로운 것인가 하고 나는 생각하게 되었다. 나는 나에게 닥치는 풍파(風波) 때문에 눈물을 흘린 일은 이때까지 없었다. 그러나 어머니가 나무를 줍고 젊은 안해가 삯방아를 찔 때, 나의 피는 끓었으며 나의 눈은 눈물에 흐려졌다.

(崔鶴松)

★내가 고향(故鄕)을 떠난 것은 오 년 전이다. 그때 어머니와 안해를 데리고 떠났다. 내가 고향을 떠나 간도(間道)로 간 것은, 너무도 절박(切迫)한 생활(生活)에 시들은 몸이 새 힘을 얻을까 하여서다.

(崔鶴松)

★형수는 때로 드리밀리는 삯바느질에 다만 적삼 한 가지라도 남에게 빼앗기지 않으려 종일을 쉴 사이 없이 재봉틀을 놀렸다.

(朴泰遠)

★어머니는 백 매(百 枚)에 삼 전(三 錢)이란 공전(工錢)으로 받아다 하는 약(藥)봉지를, 하루 종일 걸려 삼천 매의 능률(能率)을 내기에 바빴다.

(朴泰遠)

★그때― 심한 구토(嘔吐)를 한 후부터 한 방울 물도 먹지 못하고, 혀ㅅ바닥을 추기는 것만으로도 심한 구역을 하게 된 노인은 물을 보기라도 하겠다 하였다. 아들은 요를 포겨서 병상(病床)을

돈우고, 아버지가 바라보기 편한 곳에 큰 물그릇을 놓아 드렸다.

(崔明翊)

★「아구! 아구!」환자(患者)는 외마디소리를 냅다 지르고 다리를 함부루 내젔는다. 간호부들이 머리와 다리를 꼭 누르니 환자는 더 죽는 소리를 낸다.

(姜敬愛)

★어머니는 내내 한숨을 깊이 쉬었다. 아닌 게 아니라, 어머니는 병도 날 만큼 되었다. 약을 다리고 짜는 것쯤은 문제도 아니었다. 똥요강 뒤치닥거리도 오히려 둘째이었다. 저것이, 멀정하던 저 애가 이제 와 병신이 되면— 하는 근심이 갈수록 골수를 파고들었다. 밤에는 자며 앓는 소리를 하다가도, 날만 훤언하면 일어나던 때는 아직도 첫 시절이었다. 어머니는, 점점, 요지막은 낮에도 누어 신음을 하였다. 구미가 떨어지고 억지로 뭣을 좀 먹으면 소화가 잘 안 되니, 억지로 먹자고도 들지 않았다.

(朴魯甲)

★무릎은 자꾸 말성이 생겼다. 가을이 지나 초겨울에 들어도 아물지 않더니 그예 다시 염증(炎症)이 일어났다. 재수술(再手術)을 하지 않으면 안 되게 되었다.

(李泰俊)

中等文範

朴泰遠 編

원전

(엮은이) 『중등문범』의 원전은 국립중앙도서관, 한국교육개발원, 충남대학교에 소장되어 있다. 각 판본마다 누락된 부분이 있어, 세 가지 판본을 비교하며 보완해 두었다.

朴
泰
遠

編

中等文範

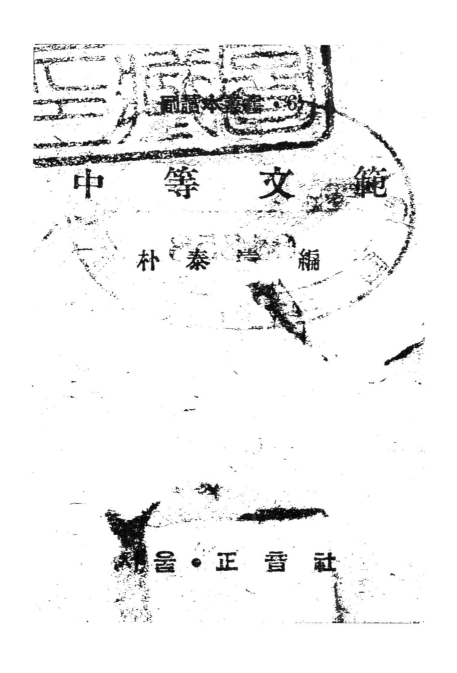

中 等 文 範

朴泰遠 編

서울·正音社

朴泰遠 編

中等文範

目　　　次

第 一 部

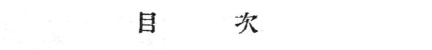

朴泰遠 編

朴
泰
遠
編

中等文範

四 月

朴泰遠 編

사월(四月)은 하늘 그리운 서철이다. 인왕산(仁旺山) 등성이에 걸려 있는 구름이 연기 같이 새빨갛게 타오르는 저녁 하늘 밑, 흰 꽃 무더무더 매달린 감 나무 그늘 아래, 멀리 떠나 간 옛 님이 다시 돌아올것 같은 봄 하늘에서는 지상(地上)의 인간(人間)과 천국(天國)의 신(神)의 세계(世界)가 새로 결합(結合)된다.

나는 늦은 봄 어느 밤, 부디칠듯이 가까이 있는 두 개의 별을 보았다. 하나는 山 속 호수(湖水) 빛 같이 푸르고, 또 하나는 타는 불꽃보담 더 붉은것이었다.

다시 새 봄은 고향(故鄕) 그리운 달.

인간의 가장 그윽한 마음이 먼 옛 날의 추억(追憶) 속에 아름다운 꿈을 구한다. 빌딩의 높은 창 들 위에 놓여 있는 보잘것 없는 한 개 꽃 분이 포도(舖道)를 걸어 가는 젊은 사람들에게 가지 가지 화려(華麗)한 공상(空想)의 나래를 펼쳐 줄것이니, 그들은 부모를 생각할것이오, 형제를 생각할것이오, 떠나 온 옛 고향을 그릴것이다.

과연, 봄 날의 꽃은 추억(追憶)의 심볼이다. 나는 남국(南國)인 내 고향 새 못 가에 우거져 핀 자주 빛 이름 모를 꽃들을 보고 그것이 옛적 이 땅에 살던 아름다운 귀인(貴人)들의 혼(魂)이 재생(再生)한것이 아닌가 생각하던것을 기억(記憶)한다.

그 귀중(貴重)한 정경(情景)은, 만약 내가 화가(畫家)이였더면 즉시 그것을 종이 위에 옮겨 놓지 않고는 못 배킬만큼, 지금까지 분명하게 가지 가지 아름다운 색채(色彩)와 이상한 감흥(感興)을 가지고 내 눈 앞에 전개(展開)되는 것이다.

사실, 그 자주 빛 꽃잎들이야말로, 나의 일생(一生)동안 감상(感傷)을 지배(支配)하는 최초(最初)의 임자가 아니였을까. 그리하여 아렴풋 꽃 필 시절이 오면, 고향의 옛 날 폐허(廢墟) 향기(香氣)에 동경(憧憬)하는것도 모두 그 자주 빛의 정기(精氣)가 내 마음을 끌어 다니는것이 아닐까.

사월은 하늘 그리운 달. 새 봄은 고향 그리운 시절.

(張德祚 "四月의 하늘"에서)

서울의 봄

서울의 봄은 눈 속에서 온다.

남산(南山)의 푸르던 소나무는 가지가 휘도록 철 겨운 눈ㅅ덩이를 안고 함박 꽃이 피었다.

달아나는 자동차와 전차들도 새로운 흰 지붕을 이였다. 아스팔트 다진 길ㅅ바닥, 평평집한 삘딩 꼭지에 시포(屍布)가 널렸다. 가라 앉은 초가 집은 무거운 떡 가루 짐을 잔채 그대로 찌그러질듯 하다. 푹 꺼진 개와

골목 흰 반석이 디디고 누른다. ~~한 겉신주도 그 멋 같 없이 큰 키에 잘 먹지도 않은 분을 ~~렸다.

여 별안간제 지은 흰 세상을 노래 하는듯이 바람이 인다. 은 가루, 옥 가루를 휘날리며 어지러운 흰 소매는 무리 무리 덩치 덩치 흥(興)에 겨운 잦은 춤을 추어 제친다. 길이 길이 제 세상을 누릴듯이.

그러나 보라! 이 사품에도 봄 입김이 도는것을.

한 결 같은 흰 자락에 실 금이 간다. 송 송 구녕이 뚫린다. 돈 짝만 해 지고, 쟁반만 해 지고, 머님만 해 지고 당키만 해 지고……그 언저리는 번진다. 자배기만큼 검은 얼굴을 내놓은 땅 바닥엔 김이 무렁 무렁 떠 오른다.

겨울을 태우는 봄의 연기다. 두께 두께 얼은 청계천(淸溪川)에서도 그윽한 소리 들려 온다. 가만 가만 자최 없이 기는듯한 그 소리, 차르를 사르를 집 오리에 물 물이 스미는듯. 이따금 그 소리는 숨어 막힌다. 험한 고개를 휘어 넘는듯이 헐떡인다. 그럴 때면 얼음도 운다. 쩡 하며 부서지는 체 봄의 비명(悲鳴)을 친다. 언 얼음어 턱 갈라친 사이로 파란 물人결은 해人빛에 번적이며 체렵 졸 졸 소리를 치른다.

축축한 담 밑에는, 눈을 떠 이고 푸른 풀이 닷분이나 자랐다.

골 장어치 보는 북악(北岳)에 쌓인 눈도 그 사이 흰 빛을 잃었다. 석고색(石膏色)으로 우중충하게 흐렸다.

그 위를 싸고 모는 푸른 하늘에는 벌서 하늘 하늘 아 지랑이가 걸렸다.

봄은 왔다. 눈 길, 얼음 고개를 넘어 서울의 봄은 순 식간에 오고만 겻이다.　　　　　（玄鎭健 "赤道"에서）

봄　밤

나무 가지마다 밤 속에서 속삭인다. 봉오리 트이는 고 요한 숨 소리 땅 우에 따스하다. 검온 시절(時節)속에 담겨 온 생명(生命)의 소리다. 겨울 밑에 잠겼던 새 이 야기들이 머리를 든다.

곁에서 흰 몸이 출출 나려 간다. 그 소리 나물 끌 어 언덕을 그럽게 하고 나무세 의지하게 한다.

별이 까만 공간(空間)에 흑색(黑色)에 가깝도록 깊다. 물 먹은 땅도 어둡고 침침하다. 만물(萬物)이 수분(水 分)과 함께 움직인다. 바라던바 새 바구니에 새 양식 을 가져다 뿌려 준다.

밤이 떠인 땅 우게 밝은 광명(光明)을 안고 돌아간 다. 들어 오는 휘파람의 연음 軟音)이 오랫 동안 윤(輪) 을 그라다 사라진다 사람들은 이런 밤에 축축한 땅 우 에 서서 저를 호소한다, 느낀다.

사방이 문득 잠잠해졌을 때, 나무들의 숨人결 소리 속 에 내 몸이 섞여져서 더운 입김을 토하고 앉았다.

깨끗한 숲에 무슨 윤리(倫理)가 있으랴? 나는 이 밤

히 향(香)처럼 친하고싶어 흙 묻은 내 발을 씻어 보고, 규율(規律) 없이 동무 되는 심기(心氣)를 이 밤 속에 던져 본다. 나는 새로운 불안(不安)을 느낀다. 내가 촌보(寸步)도 옮길수 없는 절뚝발이 모양으로 이렇게 움직일수 없음이 무슨 까닭일까? 결코 내 다리가 병신이 아니다. 마음의 규율(規律)을 저에게 빼앗긴것처럼 불안스런 긴장이다. 불안을 느끼는데는 마음에 덮인 허물을 버리는데 있다. 버리는데는 반성(反省)이 요구(要求)되고, 반성은 자기의 됨됨이 어면지 해부를 필요로 한다. 수목(樹木)이 신(神)의 진실(眞實)을 흡수(吸收)하고 생명(生命)의 부활(復活)을 활발히 공작(工作)한다.

앞사귀는 본시 진실(眞實)에서 출발하여, 푸름을 띠고 피어 간다. 푸른 색(色)이나, 혹 피어 가는것을 자랑으로 여기지 않는다. 그렇다면 그는 병 든 잎이다. 푸른 빛을 자긍(自矜)할 때, 푸른 빛은 거기 있지 않다. 자기가 진실하면 어디서든지 같은 유(類)의 진실(眞實)이 있어 피게 하고, 즐겁게 할것이다.

나는 어리석어, 인생(人生)이 모두 허황(虛荒)하여, 나의 장성(長成)을 방해한다고 생각하고 살아 가는 예가 많다. 내가 피지 못하는것은 다른 조건(條件)에 그 해석을 무겁게 붙인다. 봄 나무 가지에 치대를 시치기 부끄러운 일이다. 봄은 밤 속에서 자란다. 나무와 풀과 흙들이 이 속에서도 웃고 흔들리어 조화(調和)되고 차라 간다. 흙 냄새에 취한 나를 깨우고싶지 않다. 나는 좀

며 뼈까지 사무친 이야기들을, 이 밤, 이 숲 속에서 듣고 싶다.　　　　　　　　　　(毛允淑 "봄밤")

初夏風景

하　늘

첫 여름의 맑은 하늘은, 흰 구름이 있어도 없어도 잔디 우에 누어서 우러러 볼 때, 머언 나라, 아지 못하는 나라, 좋은 나라를 동경(憧憬)하게 됩니다. 그 새벽 역에, 희끄스름한 달을 치어다 보며, 천막(天幕)을 걷어들고 지평선(地平線)을 넘는 아라비아 사람들의 생활(生活)도 동경하게 됩니다.

빨 래 터

운치(韻致)스럽습니다. 깨끗한 옷들을 입고 늙은 이 젊은이 쉬여 앉어, 비록 잠시(暫時)일지라도 인간고(人間苦) 잊고, 푸른 하늘 뜨거운 볕 아래 검붉은 얼굴들을 진열(陳列)하여 놓은 빨래터의 첫여름 풍경(風景)——

딴 해는 소란(騷亂)한 방망이 소리도, 이 해는 귀여웁고 듣기 좋습니다.

맥 고 자

일체이 여름 옷들을 가뜬히 입고 길 거리를 활보(濶步)하는 모양은 매우 보기 좋습니다.

우리 젊은이에게 꼭 맞는 여름 모자로는 오직 맥고자가 있을 뿐입니다. 만약 다행(多幸)스럽게도 바람이 불와 구태의 모자를 날리는 일이 있다 합시다. 오랜 동안 자동어 먼지만 풀삭여티는 아스팔트 위를 보기 좋게스러 떨떨떨떨 굴러 가는 불은(不還)할 맥주자의 광장은, 천진(天眞)한 모회인(都會人)의 자주 맛 불수 없는 자름을 자아 낼것입니다.

태극선(太極扇)

아직 모자장을 입습니다. 몇 마리워 몽기는 태극선(太極扇)과 담배 연기로 쪽아 버리기로 하고, 우휠 병재를 높이 하고 바람 잘 들어 오는 마루에 누어, 몇몇 친구들의 험담(險談)이라도 하여 보지 않으시렵니까.

넝 면(冷麵)

차차 더워지면 평양 명물(平壤 名物)인 어 음식(飮食)이 우리의 타선(唾腺)을 자극 刺戟 합니다. 맛도 묘(妙)하거니와, 그 우에 소복히 얹힌 각종(各種) 고명이, 참 말 보기에 좋지 않습니까.　　　　　(朴泰遠)

新　　緣

우리 집 뜰에는 개나리도 있고, 앵두 나무도 있고, 별의 별 화초가 다 있고, 뚫을 거의 뚫을만한 큰 살구 나무도 있었다.

學校에 들여 잔 해 여름이었던가 보다. 며칠 동안 병으로 누었다가 오래간만에 일어 앉어서 쌍창 밖을 내다 보니, 어느 틈에 비가 오다 멎었는지, 한창 신록 新

朴泰遠 編

中等文範 원전　175

綠)이 무르녹은 뜰 안의 초목(草木)들이 비에 씻겨 연연한 색갈을 띠고 뻗어나듯 널어져 있다. 한 없이 청증(淸澄)하고 신선(新鮮)하고 아름다웠다. 오래간만에 보는 바같 세상의 이 씩씩한 풍경을, 나는 얼마 동안 얼 빠진듯 바라보았다. 여러 날 병에 시달린 나는, 이 무성(茂盛)한 식물(植物)에서 흘연이 생(生)의 힘찬것을 느꼈다. 신록의 싱싱한 냄새가 전신에 속속들이 스며 드는것 같았다. 나는 내 몸의 쇠약한것도 잊고, 벌떡 일어 서고 싶은 충동(衝動)을 느꼈던것이다. 이것이, 내가 신록을 보고 느낀 가장 큰 감격(感激)이었다.

(鄭 玄 雄)

바   다

어제 오늘로 바다 생각이 몹시 난다. 훌쩍 날어 가고싶도록 바다가 그리워진다. 날이 더워져서 그런것만도 아닌것 같다. 질식(窒息)을 할것 같은 내 심경(心境)의 요구(要求)일는지도 모른다.

눈 앞을 첩첩이 막는 지붕, 지붕들을 차 버리고, 내 눈은 시방 하늘을 본다. 가 없는 하늘을 처다 보고 있는 동안, 어느 틈엔가 그것은 바다로 변한다. 내 마음은 금방 휘파람이라도 불것처럼 가벼워진다. 바다는 언제나 나의 그리운 고향(故鄕)이다. 바다는 늘 버그러웠다. 바다는 늘 해아릴수 없이 깊었다. 바다는 늘 진중하였다.

친구야, 마음이 곤하거든 나와 손을 잡고 우리, 바다로 가자. 이제 칠월(七月)의 태양(太陽)이 그 우에 빛나면 바다는 얼마나 더 아름다우랴. 푸른 바다를 내다 보고 앉었으면, 말이 없어도 좋다. 모든 조고만 생각에서 어지러운 일들에서 떠나, 잠깐 해방(解放)이 되어도 좋지 않으냐.

이 여름에는 천하 없어도, 네, 바다를 찾어 가려라. 머지 않아 여름 방학이 될게다. 그러면 조카들의 짐을 싸 주고는, 이어서 해변(海邊)으로 갈 나의 행장(行裝)을 차릴 작정이다. 동해(東海)도 좋고 서해(西海)도 좋다. 그 때의 형편을 따라 할것이로되, 어쨌던 나는 휘파람을 불며 짐을 쌀게다.

지금부터 내 마음은 원족(遠足)날을 받은 소녀(少女)처럼 뛴다. 등대(燈臺)들이 희게 보이는 바다를 내다 보면, 내 답답한 가슴 속이 단박에 시원하여질것 같다.

비가 한 줄기 오시려나, 무더 무더워진다. 옷이 몸에 휘휘 감기고, 모시 적삼에 땀이 번진다. 오후의 피곤을 싸고, 온 몸이 조울군해지려는것 같다.

어서 바다로 갈 날이 와야겠다. 그래 푸른 바다를 보며, 넓은 바다를 보며, 마음을 씻어 물 속의 생선처럼 싱싱해져 와야겠다. 흰 등대가 바라 보이는 마을—나를 기다리는 어느 쓸쓸한 어촌(漁村)이 있으리라.

(盧 天 命)

소 내 기

동편 "흑성산" 쪽에서 난대없는 매지구름이 둥 둥 떠 돌더니 우루무— 하는 천둥 소리와 함께 소내기가 새까맣게 묻어 들어 온다. 미구에, 높은 바람이 휘— 돌아 들자 주먹 같은 비ㅅ방울이 뚝! 뚝! 듣더니만, 고만 와— 하고 정신을 차릴 수 없이 한 줄기를 퍼 붓는다.

이제까지 조용하던 천지는 잡자기 난리 난 세상 같아 소란하다. 들에서 일하던 사람들이 힐 힐 느까며 뛰어 들어 온다. 낙수ㅅ물이 떨어져서 개울 물 같이 흐르고, 황토ㅅ물이 또랑에 부듯하게 나간다. 앞 논의 벼ㅅ잎과 마당ㅅ가에 있는 포푸라 나무 잎새가, 비ㅅ방울을 맞는대로 까땍 까땍 너울거린다. 그러는대로 우— 와— 소리를 친다.

——그렇지 얼마ㅅ동에 비는 비로 변하여 슬 슬 뿌리더니, 그것도 마침애 그치고, 씻은듯한 맑은 하늘이 떠 났다.

(李箕永 "民村"에서)

故鄕의 가을

朴泰遠 編

갑자기 생각난 것처럼 쏴— 비가 쏟아진다. 비는 오면서도 바람 한 점 없고 무더웁다. 우환(憂患)중에 방은 누기가 차, 아침에 군불을 때서 흡사 한증(汗蒸)가마 속이다. 뚫린 구들 구멍에서 훈 김이 훅 훅 치단는다. 얼굴로 등으로 온 전신에서 샘 물 솟듯 땀이 솟는다.

비스줄기가 이번에는 갑자기 뚝 끄치면서 인제 비가 왔더냐는듯기 쨍 쨍 볕이 쪼인다. 요전번에 호우(豪雨)가 있은 뒤로, 날은 줄곳 이렇게 지집거린다. 다 늦게 장마라니 부지럽다. 지지리도 가물어 한참 때 모를 못내게 해 놓더니, 공연한 객수(客水)다.

날이 지집거려 좋기는 콩뿐이다. 뒤 울 안에다 화초 삼아 던진 콩 포기가 여간 탐스러운게 아니다. 콩은 콩잎 틈에 노 물이 댕강 댕강 들어야 잘 된다는것이다. 검푸른 콩 포기에 함빡 비가 젖어 흐트러진것이 보기에도 시언하다.

저 콩 포기에는 한 가락 향수(鄕愁)가 어리었다. 밤콩이랗고 맛이 밤 맛 잘이 달고 알이 유난히 굵은 콩으로, 해마다 가을이면 고향 집에서 조금씩 보내 주어, 두고 별미로 먹던것을, 한 주먹 남겼다 뿌렸더니 저렇게 무성히 자란것이다.

콩 밭에 수수가 길료— 자라고 콩 포기가 저렇게 무

거칠 무렵이면, 고향에도 벌써 가을이다. 바람도 높고 하늘도 높고, 높은 하늘에서 밝히면 은하수(銀河水) 머리가 서쪽으로 넌지시 기운다. 높다랗던 원두막이 벼 이삭 숙기 시작하는 논 두던으로 옮아 와, 새막이 된다. 우여라, 위여라, 새 보는 소리, 곧, 풍년가(豊年歌)의 한 토막이다.

올벼(早稻)를 비어다 털어서 지무에 쪄서 올예쌀을 작만하여 밥을 짓고, 나물과 햇 과실을 고여 놓고 올예식례를 지낸다. 신명(神明)과 조상(祖上)께 올리는 신곡 감사제(新穀感謝祭)다. 형세 따라 잘 차리고 못 차리고는 하여도, 집 집이 궐하지 않고 다들 차린다. 올예쌀은 집에서 작만도 하지만, 장날 촌 사람이 먹서리에다 조곰씩 지고 들어 와서 팔기도 한다. 올벼를 심자 못한 집에서는 그걸 사다 올예식례를 지낸다.

(蔡萬植 "俗語"에서)

秋果三題

감; 밤은 나무에 달려 있는것을 보았지만, 대추 열려 있는것은 여지껏 본적이 없다. 감도 어릴 때, 지금의 도상(道商) 자리, 그 때 과수원(果樹園)이었던데서 두서너 나무 있는것을 보았을뿐이다. 주홍빛 감이 가는 가지에 주렁 주렁 달려 있는것을 보고, 하도 신기하고 아름다워 집에 돌아와서 어머니에게 십이 나서 이야기했던 기억이 있다.

열두어서너살 땐가, 집에 누가 가지고 왔던지 잊었지
만, 감 한 섬이 들어 왔다. 섬을 채 풀기도 전에 뻐
개진 함 구퉁이에 손을 넣서, 손에 집히는대로 하나 끄
집어 냈다. 내 주먹 절반이나 되는, 시뻘겋고 서설이 하
얗게 덮인것이, 맛이 기가 막힐것 같다. 그래, 잡담제하
고 한 입 덥석 물었더니, 온 입 안이 떨석 달러 붙
으면서 두 뺨이 조여 들고 혀가 꼬부라쳐드는것 같어,
혼이 나서 뱉어 버렸다. 침을 담가 먹는다는 사실을
이 때 비로소 알었다.

평안도 말로는 홍시를 연시라 하고 연시를 홍시라 함
다지만, 돌아가신 아버지께서 가장 좋아하시는것이 연시
어었다. 그래, 겨울 밤이면, 매매로, 끝이 뾰루퉁 하고 말
랑말랑한 간ㅅ덩이 같은 연시를 한 목판 사다 놓고,
온 집안 식구들이 둘러 앉어서 빨아 먹었다.

대추――대추에도 풋대추는 내가, 제일 즐겨하는 과실
이다. 과실이라고 부르기조차 어려울만큼 다른것에 비해
서 맛으로나 외형(外形)으로나 초라한것 여나, 담박하고 배
릿하고 이상한 감미(甘味)가 나에게는 말 할수없어 좋
다. 생김생김이 적을뿐이지, 다부진 타원형, 그 위ㅅ두머
리가 옴푹 파지고, 그 속에서 델리케이트한 꼭지가 불
쑥 솟아 나온 꼴이 귀엽다면 여간 귀엽지 않다.
밤 송이를 까 본 경험(經驗)도 한두번 밖에는 없다.

中等文範 원전 **181**

그로테스크한 밤 송이 속에서 말숙하고 기름이 흐르는 것 같은 밤 알을 끄집어 내는 기쁨은, 둥우리 속의 달 같을 발견하는 그 때의 반갑고 신통한 그 마음과 비슷하다.　　　　　　　　　　　　(鄭 玄 雄)

박 ● 고 추

처서(處暑)가 지나고, 백로(白露)가 지났다. 쇠를 녹일 듯한 더위도 다 가고, 이제는 아침 저녁으로 선선하다. 날마다 보는 박 꽃도 그 희고 청아(淸雅)한 자태(姿態)가 차차 쌀쌀해 보이고, 풀 숲에서 우는 귀뚜리 소리도 냉기(冷氣)를 머금은것 같다.

박 꽃은 해 질 무렵부터 피기 시작해서 밤 새도록 감로수(甘露水) 같은 이슬을 마시다가, 아침 해가 떠 오를 때에는 화판(花瓣)이 너울너울해지고 이내 이울어진다. 황혼(黃昏)이 되면 사면이 저녁 안개에 쌓여 몽롱한 중에 지붕과 울타리에 박만이 그 윤곽(輪廓)을 뚜렷하게 나타내고, 위성(衛星) 같이 박 꽃이 드문 드문에워 쌓고 있는것은, 해마다 보는 가을 농촌(農村)의 황혼(黃昏)을 상징(象徵)하는 정경(情景)일 것이다.

박이 굳은 뒤에는 우리 가정(家庭)에 필요한 기물(器物)로도 이용(利用)이 되지만, 가을 향미(香味)를 만끽(滿喫)하려면 박 나물이 제일이다.

박이 아직 채 굳기 전에, 어린 박을 따서 껍질을 벗

기고 착착 썰어 나물을 볶고 붉은 고추를 다져 넣어 먹으면 그 담(淡)한 맛이 가을의 미각(味覺)을 충분히 돕는다.

고추는 우리 음식에 없지 못할 물건이다. 만일 고추가 없다면, 우선, 김장에 김치 깍두기가 맛이 없고, 여름에 상치쌈이 맛이 없고, 찌개가 맛이 없을것이다. 그리고, 고추는 가을 풍경(風景)에 한 목을 단단히 본다. 집집마다 지붕에, 뜰에 널어 놓은 새빨간 다홍 고추는 눈이 부시게 곱다.

들과 산 기슭에 누一렇게 익은 벼며, 지금이 만개(滿開)인 백설(白雪)같이 흰 모밀 꽃들은 그야 말로 금파(金波) 은파(銀波)를 이루어, 고추와 함께 대자연(大自然)이 그려 내는 오색찬연(五色燦然)한 한 폭(幅)의 풍경화(風景畵)다.　　　　　(洪祐伯)

落　　葉

가을이 짚어지면 나는 거의 매일과 같이 뜰의 낙엽(落葉)을 긁어 모으지 않으면 안 된다. 날마다 하는 일이언만, 낙엽은 어느듯 날으고 떨어져서 또 다시 쌓이는것이다. 낙엽이란 참으로 이 세상의 사람의 수효보다도 많은가 보다. 삼십여평(坪)에 차지 못 하는 뜰이언만, 날마다의 서중이 조련치 않다. 벗 나무, 능금 나무

――제일 구찮은것이 벽(壁)의 담장이다. 담장이란 여름 한 철 벽을 온통 둘러 싸고 지붕과 연돌(煙突)의 붉은 빛만을 남기고 집안을 통채로 초록(草綠)의 세상으로 변해 줄 때가 아름다운것이지, 잎을 다 밀어뜨리고 앙상하게 들어난 벽에 때마른 줄기를 그물 같이 둘러 칠 때 쯤에는, 벌써 다시 기듭며 볼 값조차 없는것이다. 구찮은것이 그 낙엽이다. 가령 벚 나무 잎 같이 신선하기 단풍이 드는것도 아니오, 처음부터 직칙한 색(色)으로 물들여 재치 없는 그 넓은 잎이 지름길 우에 떨어져 비라도 맞고나면 지저분하게 흙 속에 묻혀지는 까닭에, 아무래도 잎이 떨어지는쪽쪽 그 뒤ㅅ시중을 해야 된다.

벚 나무 아래에 긁어 모은 낙엽의 산ㅅ덤이를 모으곡 불을 붙이면, 속의것부터 푸슥푸슥 타기 시작해서 가는 연기가 피어 오르고, 바람이나 없는 날이면 그 연기가 알게 드러워서 어느듯 뜰 안에 가득히 담겨진다. 낙엽 타는 냄새 같이 좋은것이 있을까. 갖이 볶아 낸 커피의 냄새가 난다. 잘 익은 가얌 냄새가 난다. 갈퀴를 손에 들고눈 어느 때까지든지 연기 속에 우뚝 서서, 타서 흩어지는 낙엽의 산ㅅ덤이를 바라보며 향기로운 냄새를 맡고 있느라면 별안간 맹렬(猛烈)한 생활(生活)의 의욕(意欲)을 느끼게 된다. 연기는 몸에 배서 어느 결엔지 옷 자락과 손ㅅ등에서도 냄새가 나게 된다. 나는 그 냄새를 한 없이 사랑하면서, 즐거운 생활감(生

情感)에 집겨서는 새삼스럽게 생활(生活)의 제목(題目)을 진귀(珍貴)한것으로 머리 속에 떠 올린다. 음영(陰影)과 윤택(潤澤)과 색채(色彩)가 빈곤(貧困)해지고, 초록(草綠)이 전혀 그 자취를 감추어 버린, 꿈을 잃은 헐벗한 들복판에 서서, 꿈의 껍질인 낙엽을 태우면서 오로지 생활(生活)의 상념(想念)에 잠기는것이다. 가난한 벌거숭이의 들은, 벌써 꿈을 배이기에는 적당하지 않은 탓일까. 화려(華麗)한 초록(草綠)의 기억(記憶)은, 참으로 멀리 까마아득하게 사라져 버렸다. 벌써 추억(追憶)에 잠기고 감상(感傷)에 젖어서는 안 된다. 가을이다. 가을은 생활(生活)의 시절이다. 나는 화단(花壇)의 뒤ㅅ자리를 깊게 파고, 다 타 버린 낙엽의 재를——죽어 버린 꿈의 시체를——땅 속 깊이 파 묻고, 엄연(儼然)한 생활(生活)의 자세(姿勢)로 돌아 서지 않으면 안 된다. 이야기 속의 소년(少年)같이 용감(勇敢)해지지 않으면 안 된다.

(李孝石 "落葉을태우면서"에서)

눈 내리는 밤

내 고향(故鄕)은 눈 많이 내려 쌓이는 서도(西道)땅, ——굽이굽이 이천리 흘러 내린 압록강(鴨綠江) 물이 바야흐로 황해(黃海)와 합류(合流)하는 강ㅅ가에서 나는 자랐다. 강 하나 건너면 이미 우리와는 언어(言語)도 풍속(風俗)도 딴 판인 곳. 나며 들며 이방(異邦) 산천(山

川)을 바라볼 때마다, 그 나라 사람들은 긴 겨울 밤을 어떻게 살어 가는가가 어린 마음에 무척 궁금하였다.

겨울이 백년(百年)같이 긴 고장이었다. 입동(立冬)과 함께 찾어 온 겨울이 이듬 해 사월(四月)이 되기 전에는 떠 쓰고 떠날줄을 모른다.

밤 마슬돌이는 겨울과 함께 시작되는 것이다. 질 화로를 끼고 등잔(燈盞) 아래에들 둘러 앉은 마슬꾼들은, 재각기 돌와 가며 옛날 추렴을 해 가는것이다. 구미호(九尾狐)가 꽃 같이 어여쁜 색씨로 변해서 남의 젊은 귀동자(貴童子)를 호리다가 간(肝)을 떼 먹였다는 무시무시한 옛말을 듣고는, 밖에 오줌을 누러도 못 나가고 쩔쩔 매다가, 기어코 어른들의 웃음ㅅ감이 되면서, 주발에다 데고 오줌을 싼것도 그런 밤의 일이다. 효녀 심청(孝女 沈清)의 이야기도 열녀 춘향(烈女 春香)의 이야기도, 유관장 삼형제(劉關張 三兄弟)의 이야기도, 모두 그런 밤에 얻어 들은 지식(知識)이다.

이야기가 자별히 재미 나는 밤이면, 반드시 밖에서는 눈이 내렸다. 눈은 이야기에 끌려서 오는지도 모른다. 고요히 고요히, 발 자취도 없이, 마치 전설(傳說)속에 나오는 공주(公主)의 걸음걸이와도 같이 가분가분 걸어 오는 눈이었다.

눈이 내리는 밤이면, 눈 쌓인 지붕 밑의 이야기는 더욱 고소하였다.　　　　　(鄭飛石 "겨티색오는눈"에서)

滿洲벌판에 눈 나릴때

朴泰遠 編

만주(滿洲)의 표정(表情)은 아무래도 겨울에 이르러서 제 멋을 갖추는가 보다. 그렇길래 봄이나 여름의 만주보다도 겨울의 만주가 더 큰 매력(魅力)을 가지고 우리에게 친근(親近)하여지는것이다. 그 겨울 중에서도, 백설(白雪)로 산천(山川)을 화장(化粧)시킨 때만이 만주의 본색(本色)을 가장 제 멋에 맞게 그려 주는것이다.

송이 송이 눈 나리는 황혼(黃昏)은 무척 포근하다. 더욱이 뼈만 앙상하게 남은 해란강반(海蘭江畔)의 버드 나무에 육화(六花)가 만발(滿發)한 북국(北國)의 특유(特有)한 정경(情景)에 접(接)할 때는, 정철(鄭澈)의 시조(時調)한 가락이 저절로 읊어진다.

　송림(松林)에 눈이 오니 가지마다 꽃이로다,

　한 가지 꺾어 내어 님 계신데 보냄과저,

　님께서 보신 후제야 녹아지다 어떠리.

송림(松林)에 설화(雪花)가 만개(滿開)하였다는 이 시조(時調)를 읊게 되면, 으레 일송정(一松亭)이 그리워진다. 일송정은 용정(龍井) 서편에 솟은 적은 산인데, 그 산 발뿌리 밑으로는 해란강(海蘭江)이 구비쳐 흐른다.

용정 거리에서 누구에게나 치어다 보이는 이 일송정(一松亭)에 눈 내리는 때마다,

　이 몸이 죽어 가서 무엇이 될고 하니,

　봉래산(蓬萊山) 제일봉(第一峯)에 낙낙장송(落落長松)

되었다가,

　백설(白雪)이　만건곤(滿乾坤) 할제　독야청청(獨也青青)
하리라.

하는　성삼문(成三間)의　시조(時調)가　저도　모르게　흥얼
거려지기도　한다.

　일송정　곁에　"평강(平康)고개"라는　영(嶺)이　있다. 이
영을　넘어　서면　평강평야(平康平野)가　눈 앞에　활짝 열
려진다.　눈이　하얗게　쌓인　이　벌판으로 마차(馬車)를 몰
때에는,　서백리아(西伯利亞)　설원(雪原)을　트로이카로　달
리는듯싶은　감흥(感興)이　나서,　절로　어깨가　들먹어려지
는것이다.

　이　평화 한　복판에,　동고성자(東古城子)라는　정방형(正
方形)의　성벽(城壁)이　있다. 듣건대,　이　성을　고구려(高
句麗) 병정이　쌓았다는　설(說)도　있고, 혹은　여진(女眞)
군사가　쌓았다는　말도　있으나,　어느것이　옳은지, 나 같
은　과객(過客)은　그　역사(歷史)를　캐어내지　못함을　탄
식할　따름이다.

　이곳에서　삼십리 가량　서편으로　가면, 이와　꼭　같은
성이　또　하나　있다. 서고성자(西古城子)다. 어느　눈　오
는　겨울　저녁,　나는　두도구(頭道溝)를　떠나　이도구(二
道溝)를　향하여　밤人길을　가면　도중에,　이　서고성자에
이르렀다. 만리장성(萬里長城)이　그렇듯이,　이　서고성자의
성벽도,　그　위에　통로(通路)가　있어　걸어　다닐수이 있게
되었다. 나는　그　위를　걸어　갔다. 걸어 가는　중에,　저

도 모르게 읛 시조 한 가락이 읍을 생어 나왔다.)
삭풍(朔風)은 나무 끝에 불고 명월(明月)은 눈 속에 찬데,

만리 변성(萬里 邊城)에 일장검(一長劍) 짚고 서서
긴 바람 큰 한 소리에 거칠것이 없세라.

(朴啓周 "黃昏에되는六花"에서)

淸 凉 里

때매로 나는 서울을 미워 하다가도, 그를 아주 버리지 못하는 이유(理由)의 하나에, 그는 그 교외(郊外)에 약간의 사랑스러운 산보로(散步路)를 가지고 있다는 점도 들어 있다.

산보(散步)는 군(君)의 건강(健康)에는 물론 사상(思想)의 혼탁(混濁)을 씻어 버려 주는 좋은 위생(衛生)이다. 틈만 허락하면 매일이라도 좋지만, 비록 토요일의 오후나, 일요일 아침에라도, 동대문(東大門)에서, 갈라여져 나가는 청량리행(淸凉里行) 전차를 잡아 타기를 나는 군에게 권고(勸告)하고 싶다.

○

왜 그러냐 하면, 그 종점(終點)은 내가 사랑하는, 그러고 군도 사랑할수 있는 가장 아담한 산보로(散步路)의 하나를 가지고 있는 까닭이다.

우리는 종점에서 전차를 나려서 논 두덩에 없힌 좁

은 길을 따라 가면 북(北)으로 임업시험장(林業試驗場)의 질은 숲 속에 뚫린 신작로(新作路)에 접사리 설수가 있다. 세상 소리와 흐린 하늘을 피하여 우리는 숲 속에 완전히 몸을 숨길수도 있다.

○

군은 고요한 숲을 사랑하는 우량(優良)한 사상(思想)을 가지고 있으리라 나는 믿는다. 일찌기 아리스토텔레쓰도 그 철학(哲學)을 숲 속에서 길렀다고 하지 않는가? 숲 속이라, 한 곳에 그리 높지 않은 방천(防川)이 좌우 옆에 갈 잎을 흔들면서, 맑은 시내물을 데리고 걸게 돌아 간다.

○

이 방천을 걸으면서, 군은 서편 하늘에 절어 가는 올솔을 쳐다 볼수가 있을것이다. 풀 잎에 맺힌 이슬 방울을 손 바닥에 굴릴수도 있을것이다. 은 포래 위를 조잡스럽게 흘러 가는 그 맑은 시내ㅅ물에 군의 불결(不潔)한 사상(思想)을 가끔 세탁(洗濯)하는것은, 군의 두뇌(頭腦)의 건강(健康)을 위하여 충분히 청량제(淸凉劑)가 될수 있는 일이다.

숲 속의 산보로(散步路)——나는 때때로 붓대를 책상 위에 멈추고는, 생각을 그 길위로 달리기로 한다.

(金 起 林)

麻　浦

朴泰遠 編

　개포애는 낮 닭이 운다. 가슴 앓는 물ㅅ결 소리가 닭의 소리보다 낮게 들린다. 저 위 철교(鐵橋)아래 사는 모오터・뽀우트가 돈 많은 집 서방님 같이 은회색(銀灰色) 양복을 잡숫고, 호기 뺄힌 노라리 걸음으로 나려 오곤 한다. 빈 때생이가 발길에 채우고, 못나게 출렁겨려며 운다.

　흰 수염 난 늙은이가 때생이앴셔 뷰섯ㅅ대를 드리우지 않는 날을 누가 보았나? 요단강의 영지(靈智)가 물 위에 차 있을듯한 곳이다. 강상(江上)에 흐느기는 나룻배를 보면, "비파행(琵琶行)"의 애끊는 노래가 들리지 않나 할 곳이다. 때ㅅ목이 먼저 강을 나려 와서 강을 올러 오는 배를 맞는 일이 많다. 배가 떠난 뒤앸도 얼마를 지나서야 때ㅅ목이 풀린다. 때ㅅ목이 낮 익은 배를 보내고 나는 때에, 개포의 작은 계집아이들이 빨래를 가지고 나와서 그 잔등에 올러 앉는다. 기름 바른 머리, 분 칠한 얼굴이 예가 어딘가 하고 묻고싶어 할것이 때ㅅ목의 마음인지 모른다.

　배ㅅ지붕을 타고 먼 산 바라기를 하는 사람들은 저 산, 그 넘엇 산, 그 뒤로 보이는 하얀 산만 넘으면 고향이 보인다고들 생각한다. 서울 가면 아무데 산이 보인다고 마을에서 말하고 떠나 온 그들이 서울의 개포에 있는 탓이다.

패들은, 낯 설은 개포에서 본(本)과 성명(姓名)을 말하기를 싫여 한다. 그들은 머리에다 커다랗게, 붉은 글자로 배천(白川), 해주 海州, 아산(牙山)……이렇게 버젓한 본(本)을 달고, 금파환(金波丸), 대양환(大洋丸), 순풍환(順風丸)……이렇게 아름답고 길상(吉祥)한 이름을 써 붙였다. 그들은, 이 개포의 맑은 하늘 아래 별 자남게 서서 흰 구름과 눈 할기를 하는 전기공장(電氣工場)의 시꺼먼 굴뚝이 미워서 이 강에 정(情)을 못 들이겠다고, 말 없이 가 버린다.　　　　　(白石 "麻浦"에서)

近　郊

봄엔 누구나 그렇겠지만, 곧잘 근교(近郊)를 걷게 된다. 교제성(交際性)이 엷은지라 근교를 걷는데도 혼자 다닐 때가 많았다. 그래 그런지, 혼자 걷는 취미(趣味)도 또한 버리기 어려운데가 있다고도 생각하는 터이다. 가본 길은, 시방 손 꼽아 보니, 패 여러 군데다. 혼자전, 삼사인 작반(作伴)이건, 도무지 심심해 본 기억은 없다. 다녀 볼수록 묘하고 아름다운 곳이 실로 서울 근교다고 탄복(嘆服)만 된다. 어느 분인지 경성(京城)은 세계 제일(世界第一)의 승경도시(勝景都市)란 말을 한걸 보았는데, 그 말이 나한테도 그럴싸 하다.

다녀 보면 또 가고싶은데도 있고, 언제고 가서 살고 싶은데도 많다. 그 중에, 북한 도선사(北漢 道詵寺), 의

정부 회룡사(議政府 回龍寺), 수락산(水落山) 변두리에 있는 떡절(修德寺?)은 내 마음이 무척 끌리는 곳이다. 그러나 모두 한번씩 가 보았을뿐, 두번도 못 가 본데다.

도선사(道銑寺)는 조선중앙일보 朝鮮中央日報)때, 백운대(白雲臺)서 우이동(牛耳洞)으로 나려 오다가 잠깐 들렀던 곳인데, 내가 만일 소설가(小說家)라면 온천(溫泉)보다 여기 와서 글을 쓰리라 생각했었다.

회룡사(回龍寺)는 그 이전 진달래가 한참일적에 갔었다. 경성보육(京城保育)에 있던 때다. 절 앞 느티 나무랑, 반석(盤石)과 계곡(溪谷)이랑, 어찌 마음에 드는지, 금강산(金剛山)보다도 애착(愛着)을 느끼고 노후(老後)를 이런데서 한가(閑暇)하게 보낼 필짜라면 하였다.

그 다음, "떡절"이란데를 간것도 개벽사시대(開闢社時代)니까 꽤 오래 된다. 그 때, 내 하숙주인(下宿主人)을 찾어 다니는 보살마님 한 분이 있었는데, 자칭(自稱) "쭉접제할멈"이라고 하면서 관상(觀相)도 해 주고 덕담 德談)도 하고 또 소리까지 잘 하여, 오기만 하면 하숙의 여러 사람을 웃겨 주었었다. 그래 저래, 길에서 맞나더라도 인사를 할맘큼 친해졌는데, 만날적마다 자기 절로 놀러 오라고 권하는 바람에, 하숙 할머니랑 일등(一同)이 신록(新綠)잡히는 오월 어느 날, 노정기(路程記)를 보면서 찾어 간것이 "떡절"이다.

망월사(望月寺) 건너편, 수락산(水落山)골짜기에 폭 파묻힌 절이었다. 평퍼짐한 갈료만 자꾸 들어 가다가, 얼석(巖石)이 나오고 계류(溪流)가 흐르는 기슭에 잘은 있었다.

물도 좋고, 나무들도 좋고, 그 보다도 바위들이 좋았다. 절 뒤로는 웬통 삽주랑, 취랑, 고비랑, 질편하게 난다. 여동생 많은 나는 나물 꺾기를 좋아해서, 그 때도 하숙 할머니와 꽤 많이 꺾었었다.

절 밑으로 채전(菜田)도 있고 철로(鐵路)길도 가깝고 해서, 그 때, 이런데서 묻혀 살면 오직 좋을까 하였었다.

이렇게 쓰다가 생각하니, 올 봄에는 그 곳들을 가고 싶은 생각이 불쑥 더 난다. "쪽집계할멈"이 그저 살아 있는지 모르거니와, 세 군데를 못 다 가면, "떡절"만 이라도 가 보겠다.　　　　　　　　　　　　（崔泳柱）

毘盧峯을 오른다

구룡연(九龍淵) 폭떨기가 나려다 보인지는 이미 오래 였다. 쇠 사다리를 두 개나 기어 올라 바위 구멍으로 들어 섰다. 이것이 비사문(毘沙門)이라는것이였다.

비사문을 나서 나려 가는 길은 그처럼 어려운줄을 몰랐다. 나려 가는것이 오르는것보다 안 좋은것은 아니로되, 이쯤 올러 왔다 나려 가면, 다시 더욱 올러 가야할 걱정이 초행(初行) 나그네의 궁거운 걱정이였다.

그러나 비사문을 나려 와 만난 시내, ── 이것이 바로 구룡연의 근원(根源)인것을 알고 보니, 나는 나려 왔어도 얼마나 높이 올려 왔나 알수 있었다.

아홉숫골은 지리 하기도 하였다. 이 시내가 비로봉(毘盧峯)에서 발원(發源)한것이라니, 비로봉 가는 길이 이 시내 두둑으로 연하여 뚫린것은 그리 이상한것이 아니였지만, 물 소리를 옆에 놓고만 가니, 나는 여전히 낮은 땅에 있는것 같았다. 그러나 나는 역시 올려 가고 있었다.

무성(茂盛)한 잡목(雜木)이 하늘을 덮고 코 앞에 숨박꼭질하는 길을 돌아 오르며, 헐떡 헐떡, 이마의 땀을 쥐어 뿌렸다. 한 걸음 두 걸음, 무거운 걸음을 옮기었다. 기진 맥진, 길 굽이를 돌아 돌아 오르고 오르다, 나무싶 트인 곳으로 넌저시 굽어 보니, 수 많은 봉오리가 발 아래 보이지를 않는가. 기뻤으나, 그러나 머리 위로 치어다 보이는 봉오리들이 아직도 많았다. 이 중에 제일 높은 봉오리 꼭대기를 가는 자의 마음은 아직도 창창(蒼蒼)한 생각이 들었다.

길의 굴곡(屈曲)이 차차 순하게 되었다. 아, 무슨 소식에 왔을가싶었다. 그러나 오르고 보니, 이름도 알수 없는 한 고개였다. 다시 길을 나려 갔다. 일껀 올려 온 것이 아까운 생각이 들었다. 그러나 조금 나려 가고는 차차 올려 가는것이었다. 산 비탈을 타고 도는 모양이였다.

朴泰遠 編

무릎한 길을 자꾸 올랐다. 그러나, 잠간 나려 가니 왼편으로 마의태자(麻衣太子)의 능(陵)이란 패목(牌木)이 박히었고, 그 안에 동그란 무덤이 보였다. 능 아래에는 용마석(龍馬石) 골목 물 소리가 우짖었다. 태자(太子)도 일즉 이 물 소리를 들었으려니, 나는 생각해 보았다.

용마석 여관에서 돼지 국을 먹고, 오리 밖에 안 되는 비로봉 꼭대기로 걸음을 재우쳤다. 망망한 난장의 숲을 뚫고 위로 위로 치달았다. 전후좌우(前後左右)를 따라 오던 봉오리들이 차차로 발 아래 떨어지고, 눈 위에 뵈는 높이 적어진다.

올랐다. 마침내 올랐다. 나는 지금 비로봉(毘盧峯) 위에 섰다. 서편으로 조차 흘러 오는 흰 구름 떼가 발 아래 푸른 봉오리 허리를 감는다. 흰 구름 저 아래 동해(東海)가 보이련만, 막막(漠漠)한 구름 밖에 찾을 길이 망연(茫然)하다.

유점사(楡岾寺)로 나려 가는 위태(危殆)한 길이 일출봉(日出峯) 월출봉(月出峯) 등성이로 약하게 걸렸다. 一萬一千九百九十九峯이, 아들처럼, 아우처럼, 한 봉오리를 모시었고나.

동편 저 건너, 저 아래, 끄불 끄불 매달린것이 비사문(毘沙門)서 넘어 오는 길이었고나. 그러고 보니 나는 반달처럼 비로봉을 동에서 북으로 휘돌아 올려 왔던가 보다.

서쪽 하늘에서 부연 구름이 더욱 몰려 온다. 자칫 하

였더면 기렴사진(紀念寫眞)한 장도 못 쩍을번/ 하였다. 처음에는 부엉던것이 갑자기 검애졌다. 마침내, 비ㅅ방울 이 뚝 뚝 떨어졌다.

좁은 차(茶)ㅅ집에서 비 한 차례를 겪고는 오늘 예 까지의 유일(唯一)한 동무였던 이(李)동무와 손을 나누 고, 나는 장안사(長安寺)로 나려 가는 "은(銀)사다리" "금(金)사다리" 길을 밟었다. (朴魯甲 "毘盧峰"에서)

道　　峰

의정부(議政府)에서 차를 나리자, 우리는 우선 음식점. (飮食店)으로 들어 갔다. 점심(點心) 요기를 하고나니 오 후 세시반. 하늘이 꽤 흐리고 우기(雨氣)가 있다.

우리는 비 만날것을 염려(念慮)하며 담화(談話)를 주 고 받으면서 밭 가운데ㅅ길을 걸어 갔다. 모래만 수북 한 건천(乾川)을 건너, 마을을 지내 오다 고개를 넘어, 산신당(山神堂)도 보고 길을 다시 찾어, 한 계곡(溪谷) 으로 들었다.

요리 조리 돌아 드는 깊숙한 골짜기 물도 좋고 돌 도 좋다. 옥(玉)같이 빛나는 들, 팔팔 울리는 폭포(瀑 布)와 여울 감벽(紺碧)한 둘. 그리고 좌우호 질은 녹 음(綠陰)과 방초(芳草)——이 곳을 나는 걸어 가면서도, 한 발자욱 한 발자욱 띄어 놓기를 아까워 하였다. 한 좁은 모롱이를 도니, 고목(古木) 속으로 뢰락(頹落)한 와

옥(瓦屋)이 보인다.

이것이 바로 이태조(李太祖)의 원찰(願刹)로 된것이라는 회룡사(回龍寺). 앞은 시내요·주위(周圍)는 산인데, 땅 둘러 가시 울타리를 하고 입문 엄금(入門 嚴禁)함을 써 붙이고서 중년(中年)이나 넘은 승수자(僧竪子)가 주지(住持)로 있으며, 바야흐로 재(齋)를 지내느라고 우리가 들어 오는줄도 모른다. 우리는 그 앞 마당 바위에 앉어 반시간이나 쉬었다.

우리는 다시 산문(山門)을 나서, 앞 시내를 건너 빙에로 가다, 또 바른편으로 건너 으늑한 골짜기로 들었다. 또 원편으로 건너 잡목(雜木)이 무성(茂盛)한 계곡(溪谷)으로 을러 갔다. 비가 듣기 시작한다. 점점 더 한다. 산ㅅ새 한 마리 아니 날으고, 산초(山草)들은 무릎위까지 휘휘 감기고, 구배(勾配)는 점점 급(急)하다. 숨이 잦고, 다리는 무거워진다. 간신히 마루턱을 당하였다. 젖은 과자(菓子)를 끄내어 먹으며 좀 헐각(歇脚)을 하고, 그 등성이로 오므너 잘크막한 고개가 나선다.

우리는 침침한 송림(松林) 속으로 썩은 잎사귀 냄새를 풍기며 발을 옮겼다. 모두 침묵(沈默)하였다. 비탈을 잡어 돌다 나리너 상치 밭이 나서고, 그 넘어가 망월사(望月寺)다. 그 뒤ㅅ문으로 들어 섰다. 적적(寂寂)도 하다. 법당(法堂) 마루에 짐들을 벗어 놓고 걸터 앉었노라니, 학인(學人)하나이 방에서 나온다. 날은 따 저물고, 비는 그저 줄줄 온다. 우리는 자고 가기를 청하

했다.

　이튿날 아침, 우리는 새들이 지저귀는 소리에 잠을 깨었다. 구름이 산 기슭으로 뭉개뭉개 피어 오르고, 이슬비가 부슬부슬 나린다. 깨었더라면 한강(漢江)도 보고 일출(日出)도 보았을걸 하고 뜰에 나섰다.

　뒤에 우쭉우쭉한 봉만(峯巒)과, 군체 옹위(擁衛)한 청룡(靑龍) 백호(白虎)와, 여기 저기 벌려 있는 노송(老松), 기암(奇岩)과, 때로 변화(變化)하는 운무(雲霧)가 오직 도봉(道峯)의 절승(絶勝)일 뿐이 아니다. 경찰(京山)으로는 이만한 곳이 없으리라. 승가(僧伽)·삼막(三幕)·대성(大聖)도 안계(眼界)는 넓으나 이처럼 수려(秀麗)하지는 못하고 진관(津寬)·봉은(奉恩)도 그윽은 하나 이처럼 유아(幽雅)하지 못하다.

　나는 무단히 시정(詩情)을 일으키며 이리 저리 거닐었다……

(李泰敏 "道峯山行"에서)

三　防　峽

　복계(福溪)서 점심을 먹는 동안, 기차는 저 유명(有名)한 검불랑(劍拂浪)을 향하여 간다. 뚝 뚝 뚝, 푸푸푸 차는 죽을 힘을 다 하여 올러 가기 시작한다. 그려나 그 것은 사람의 걸음만도 못한 것이었다. 대자연(大自然)과 문명(文明), 자연(自然) 앞에 준동(蠢動)하고 있는 조그마

한 사람의 힘, 그것은 마치 어린애의 작란과 같다. 무
무 무 헛김 빠진 소리만 저절로 허저 나온다. 만일 이
것이 동물(動物)이라면, 전신(全身)엔 함빡 땀으로, 물초
를 하였을것이다. 칠전팔도(七顛八倒), 그 기어 올러 가
는 꼴이 마음에 마치 지각(知覺)을 가진 동물(動物)을
타고 가는 양, 안타까운 착각(錯覺)을 가끔 가끔 느끼
며, 홀로 가만한 고소(苦笑)를 날려 버렸다.

검불랑(劍拂浪), 칼을 썻어 물人결에 후려친다, 삼방고
전장(三防古戰場)과 그럴듯 무슨 인연(因緣)이 있는것 같
은 이름이다.

삼방유협(三防幽峽)으로 쫓긴 선종(善宗)——궁예(弓裔)
가 초목(草木)에 묻혀 승(僧)으로 있을 때 이름——의
주름 잡힌 이마人살과 추(醜)해진 애꾸눈을 부릅뜨며 어
이없는 기막힘을 직면(直面)하여, 여성일갈(厲聲一喝) 반
신(叛臣) 왕전(王建)을 목 좋이 머져라 하고 호령하다
가, 날으는 독시(毒矢)에 외 눈을 마저 맞고 마상(馬上)
에서 떨어져 차타(蹉跎)하는 꼴이 보인다.

십만대병(十萬大兵)이 물人결에 휩쌓이듯, 아비규환(阿
鼻叫喚), 갈 길을 잃고 삼방유협(三防幽峽)에 생지옥(生
地獄)을 벌린 모양이 눈 앞에 보인다.

"분수령 육백삼미돌(分水嶺 六百三米突)"

허연 나무에 묵흔(墨痕)이 지트르 흐르게 이렇게 써
어 있다. 기차는 지금 조선의 척량(脊梁)을 넘고 있는
것이다.

세포역(洗浦驛)을 지나니 이 곳은 목장지대(牧場地帶), 면양(緬羊)을 기르고, 말을 치기에 적합(適合)한 곳이다. 여기 저기 한 편 야화(野花), 싱싱하게 푸른 잡초(雜草), 공기는 깨끗하고 물은 맑다. 이 가운데 말은 살지고 양(羊)은 가름지다. 그림 같은 방목(放牧)의 정경(情景)이 또한 진세(塵世)의 것이 아닌것 같다.

다시 차는 산협(山峽)을 끼고 돈다. 일찌기 보지 못하던 천하(天下)의 절경(絶景)이다. 한 산을 지나면 한 물이 흐르고, 한 물이 구비치면 한 굴(窟)이 나온다. 캄캄한 굴 속이 지리한가 하면, 어느듯 명랑(明朗)한 푸른 산이 선녀(仙女)의 치마 人폭인듯 주름잡아 감돌아들고, 물이 인제 다 됐는가 하면, 한 길이나 되는 다리 아래엔 살찐 여울이 용솟음 치며 돌은 뛰어 솟고, 물은 부서져 눈(雪)을 뿜는 양 백룡(白龍)이 어우러 싸우는듯, 깎어진 언덕을 힘찰어 어마어마한 큰 소리를 지르고 내를 이루어 달아난다.

아이들은 박장(拍掌)하고, 나는 청흥(淸興)에 취(醉)하였다. 반복무상(反覆無常), 이렇게 삼방유협(三防幽峽)에 닿으니, 산이 감돌기 스무번, 물 여울이 포효(咆哮)하기 열아홉번, 턴넬의 어둠이 열네번, 천하(天下)의 기승(奇勝)을 한 곳에 몰아 놓았다. 만일 십오야(十五夜) 월광(月光)을 타고 이 곳을 지낸다면, 달이 부서지고 금(金)이 용솟음 치는 위관기경(偉觀奇景)을 한 가지 더 볼 수 있을 것이다.　　　　　　(朴鐘和 "京元線紀行"에서)

中等文範

東 海 岸

황룡산두(黃龍山頭)를 감싸는 백안(白岸)에 같은 구름 덩이를 바라보며 안변역(安邊驛)에서 지체하기 두 석간(時間), 이른 오후 네시오십분에야 안변역을 떠나게 되었다. 동해(東海)로 가는 차창! 꿈에조차 그립던 동해안(東海岸)을 이제 간다고 생각하니, 심두(心頭)에 떠오르는 양미(凉味)는 살진 유월(六月)의 녹음(綠陰)보다 더 시원하다.

차는 남천강(南川江)을 언어가 시작한다. 삼방협곡(三防峽谷)과 석왕사(釋王寺)의 고운 정기(精氣)를 모두 싣고 둘레를 치고 구비를 돌아 유유(悠悠)히 흘러 오는 이 강수(江水)——이 고운 물소절은 안변 수전(安邊水田)에 생명수(生命水)가 되어 연산(年産) 십삼판석(石)이라는 큰 수확(收穫)을 주지 않는가! 차는 남천강을 건너고 오계역(梧溪驛)을 지나 달리기 시작한다. 차창(車窓)으로 내다보어, 멀리 산협(山峽)을 격(隔)하여 하늘의 은하(銀河)같이 하얗게 가무 막힌것은 동해의 원경(遠景)이다.

여기서부터는, 동해안 지역(地域)이다. 그러나 차는 우회(迂廻)를 피(避)하여 산중 계변(山中溪邊)으로 질주(疾走)한다. 철에꽃이 눈 앞에 갈이 피어 있고, 송림(松林) 사이에서는 노래 꾀꼬리가 푸두둥 깨어, 어울다.

초롱 같은 하얀 패랭꽃, 앵국초(草), 모두 불타과 있었다. 그러나 차가 어느듯 계곡(溪谷)을 넘어 가더니, 망망(茫茫)한 동해가 하늘과 함께 안계(眼界)에 벌어진다. 어느듯 상음역(桑陰驛) —— 여기는 요색지대(要塞地帶)다 촬영불가(撮影不可)라고 간판(看板)이 붙어 있다. 앞으로는 가도 없고 끝도 없는듯한 대해(大海)의 전개(展開) —— 옆으로는 일소도(一小島)가 반신(半身)을 해중(海中)에 파묻고 고요히 있지 않은가.

상음역을 떠난 차가 햇빛을 뒤어 곧 넘어 서더니, 동해를 발 밑에 끼고 평행선(平行線)을 그리기 시작한다. 창창으로 손을 내밀면 동해 물을 한 줌 쥐어 올듯. 아 그립다, 파란 물ㅅ결이여! 하늘 위 은하(銀河)와 합수(合水)인듯, 구슬을 갈아 녹은듯 한 이 동해는 영원(永遠)의 청수경(靑水鏡)에라고나 할가.

금강산(金剛山)이 물ㅅ결을 비치고, 이 물ㅅ결 금강산을 씻겨, 언제나 맑은 자태(姿態)는 천하(天下)의 한 폭(幅) 그림이리라. 매구나 기변(磯邊)에 부딪히는 깊은 물ㅅ결 —— 바위에 부닥쳐 철썩 하고 흩어지는 하연 물ㅅ결은, 하얀 찔레꽃이 바람세 지듯, 고흔 구슬이 공중에 날듯, 그 고운 동작(動作)을 멈출 때가 없다. 황해안(黃海岸)은 간조(干潮)의 차(差)가 이십 여척(尺)이나 되지마는, 동해안(東海岸)은 간만의 차가 별로 없다. 그래서 물ㅅ결은 언제나 한 모양으로 철썩거린다. 인형(人形)의 바위 우에 백진주(白眞珠)를 조각(彫刻)한듯 고운 수포(水泡)—— 그 넘어로 백범(白帆)이 조는듯이 떠 있다. 어촌(漁村)을 지나고, 해만(海灣)을 물고, 괴암(怪岩)와 기변(磯邊)으로 평행선(平行線)을 그으면 하는 언제까지 멈출줄을 모른다……　　　　(盧子泳 "夏海岸"에서)

물

나는 물을 보고 있다.

물을 처음 보듯 보고 있다. 물은 아름답게 흘러 간다.

흙 속에서 스며 나와 흙 우에 흐르는 물, 그러나 흙물이 아니오 정한 유리 그릇에 담긴듯 티 없어 맑은 물, 그런 물이 풀 잎을 씻으며 조각돌에 잔물결을 일으키며 푸른 하늘 아래에 즐겁게 노래하며 흘러 가는 것을, 고요히 그 옆에 앉어 바라보고 있었다.

물은 얼마나 아름다운가? 흐르는 모양, 흐르는 소리도 아름답거니와, 생각하면 이의 맑은 덕(德), 남의 더러움을 씻어는 줄지언정 남을 더럽힐줄은 모르는 어진 덕(德)이 그에게 있는것이다. 이를 대할 때 얼마나 마음을 맑힐수 있고, 이를 사귈 때 얼마나 몸을 깨끗이 할수 있는 것인가?

물은 진실로 아름다운 것이다.

물은 보면 즐겁기도 하다. 그애젠 언제든지 커다란 즐거움이 있다. 여울을 만나 노래할수 있는것만 그의 즐거움은 아니면, 산과 산호록 가롤 막 워 멈비는 힘 없이, 고요한 그대로 고이고 고이어 나중날 넘쳐 흘러 나가는 그 유유무언(悠悠無言)의 낙관(樂觀), 얼마나 위대(偉大)한 즐거움인가. 독에 떠 넣으면 독 속에서 그대로, 땅 속 좁은 철관(鐵管) 속에 몰아 넣어도 몰아 넣는 그대로, 답답하단 듯이 없이 능인자안(能忍自安)함이 성인(聖人)과 같다.

물은 참말 성인(聖人)같다. 어별(魚鼈)이 그의 품 속에 살되 그들에게 바라는것이 없고 논, 밭, 우물, 과수원(果樹園)으로 어머니의 유도(乳道)처럼 갈가갈기 찢기어 나가며 사람을 기르되, 더구나 사람이 그 고마움을 모르되 탓 함이 없이, 그저 모르는체 바다로 바다로 흘러 가는 것이다.

오오 물의 높은 덕(德)이어!

그래, 지자 노자(知者, 老子)는 일쯕 상선약수(上善若水)라 하였다. (朴泰遠 編)

바 다

바다.

바다를 못 본 사람도 있을가. 많이 있는 것을 보았다. 작년 여름에 갑산(甲山) 화전지대(火田地帶)에 갔을 때, 거기의 한 노인더러 바다를 보았느냐 하니까 못 보았노라 하였다. 자기만 못 본것이 아니라, 그 동리 사람들은 거의 다 못 보았고, 못 본채 죽으리라 했다. 그

…고, 옆에 있던 한 소년이 바다가 뭐냐고 물었다. 바다는 물이, 땅이 고여서, 아주 한 없이 땅이 고여서 하늘과 물이 맞 닿은 것이라고 하였더니, 그 소년은 눈이 둥그래지며,

"바다!" "바다!"

하고는 그윽히 눈을 감았다. 그 소년의 감은 세상에서 넓고 크다로 채워가는 것을 상상(想像)해 보는듯 하였다.

내가, 만일 아직껏 바다를 보지 못하고 "바다"라는 말 만 듣는다면, "바다"라는것이 어떤것으로 상상이 될까? 빛은 어떻고, 넓기는 어떻고, 보기는 어떻고, 무슨 소리 가 날것으로 상상이 될까? 모르긴 하지만 흥미(興味) 있는 상상일것이다. 그리고 "바다"라는 어감(語感)에서 무 한히 큰것을 느낄것은 퍽 자연(自然)스러운 감정(感情) 이리라고 생각도 된다.

한번 어느 자리에서 시인 지용(詩人 芝溶)씨가 말하 기를, 바다는 조선말 "바다"가 제일이라 하였다. 우며 니, 씨ー니 보다는 "바다"가 훨씬 큰것, 넓은것을 가 리치는 맛이 나는데, 그 까닭은 "바"나 "다"가 모두 경 탄음(驚嘆音)인 "아"이기 때문, 즉, "아아"이기 때문이라 고까지 말하였다. 동감(同感), 동감(同感)이다. 우미라 거나 씨ー라면, 바다 전체(全體)보다 바다에 뜬 섬 하나나 배 하나를 가리치는 말쯤 밖에 안들리나, 바다라면, 바다 전 체를 삼킨다. 한 걸음 더 나아가서 바다를 닮은 하늘 까지를 총칭(總稱)하는 말 같이, 그처럼 크고 둥글고 넓

게 울리는 것을 사실이다.

지구의(地球儀)를 놓고 보면 육지(陸地)보다도 수면(水面)이 훨씬 더 많다. 지구(地球)가 아니라 수구(水球)라야 더 적절(適切)한 명칭(名稱)일 것이다. 사람들이 육지에 산다고 저이 생각만 해서 지구라 했나 보다. 사람이 어족(魚族)이었더면 무론 수구(水球)였을 것이요, 육대주(六大洲)라는 것도, 한 날 새나 울고 꽃이나 피었다 지는 무인절도(無人絶島)들어었을것이다. 여기다 포대(砲臺)를 쌓는 자(者)― 누구였으랴. 오직 "별주부전"의 세계(世界)이었을 것을.

벌서 팔월(八月)! 파도(波濤)소리 그립다. 파도 소리 뿐인가 하면 그렇지도 않다. 이국처녀(異國處女)들처럼 저이끼리만 젓거리되 일종(一種)의 애정(愛情)이 가늘 갈매기 소리들, 이동(移動)하는 파잎을잡, 기선(汽船)의 기적(汽笛)들, 그리고,

"언제 여기 오셨세요? 얼마 동안 계십니까? 산보(散步)하실가요?"

하는 오래간만에 만나는 사람들, 전차(電車)에서나 오피쓰에서 만날 때보다 모두 활발(活潑)한 소리들이다.

저녁이면 슬픈데도 바다다. 파도 소리에 재워지는 밤엔 흔히 꿈이 많었다. 꿈을 다세 파도 소리에 깨워지는 아침, 머얼리 피곤(疲困)한 기선(汽船)은 고동만 을

朴泰遠 編

고, 바다는 퍽 슬프기도 한때다.

우리의 육안(肉眼)이 퍽 먼데를 감각(感覺)하는데도 바다. 구름은 뭉게뭉게 이상향(理想鄉)의 성벽(城壁)처럼 피어 오르고, 물人결은 번질번질 살진 말처럼 달리는데, "혀― 어떻게 가만이 서만 있는가?" 뛰어 들어 비조(飛鳥)처럼 해엄 치고싶다. 샤쓰라도 벗어 기人발을 날리고 싶다. 쟁쟁한 모새 밭, 새 발 자국 하나 나지 않은 처녀사막(處女沙漠), 뛰고 또 뛰고, 내 발 자국 돌아 보는 재미.

"오―"

"어―"

"아―"

소리 처도, 암만 기운껏 소리 처도, 파도 소리에 묻혀 그 가츠른 목 소리 부끄러울리 없도다.

바다는 청춘(青春)의 체조장(體操場).

(李泰俊 "바다"에서)

山

수려(秀麗)한 산맥(山脈)을 바라볼 때마다 산향(山鄕)이 몹시 그리워진다. 일에 지쳤을 때는 더욱 그러 하다. 유수(幽邃)한 산중(山中)의 한적(閑寂)한 맛도 좋지만, 무성한 나무 가지 사이로 흘러 들어 오는 해人볕

을 흠뻑 받으며 숲 사이 길을 한 없이 걸어 보는 맛
도 좋다.

산 넘어, 산으로 산으로 한 없이 먼 곳의 푸른 산
맥(山脈)을 바라볼 때는, 화려(華麗)한 상상(想像)이, 오
직 나래만이 꿈 같아 뻗힐 뿐이다.

산은 좋은 곳, 뭇 짐승이 모여 드는곳, 뭇 산ㅅ새들
이 모여 드는 곳, 그래도 조용한 곳, 향(香)그러운 곳.
(洪 祐 伯)

田園의 樂

경산조수(耕山釣水)는 전원생활(田園生活)의 일취(逸趣)
이다.

도시문명(都市文明)이 발전(發展) 될수록, 도시인(都市
人)은 한편으로 전원(田園)의 정취(情趣)를 그리워하여
원예(園藝)를 가꾸며 별장(別莊)을 둔다.

아마도 오늘날 농촌인(農村人)이 도시(都市)의 오락(娛
樂)에 끌리는 이상으로, 도시인(都市人)이 전원(田園)의
유혹(誘惑)을 받고 있는 것이 사실이다.

인류(人類)는 본래 자연(自然)의 따스한 품 속에 안
겨, 토향(土香)을 맡으면서 손수 열음지기를 하던것이니,
이것이 신성(神聖)한 생활(生活)이오, 또 생활의 대본(大

本) 일른지 모른다.

이른바 운수(雲水)로써 향(鄕)을 삼고, 조수(鳥獸)로써 군(群)을 삼는 도세자류(逃世者流)는 좋은것이 아니나, 궁경(躬耕)의 여가(餘暇)에 혹은 임간(林間)에서 채약(採藥)도 하고, 혹은 천변(川邊)에서 수조(垂釣)도 하여, 태평세(太平世)의 일일민(一逸民)으로써 청정(淸淨)하게 생활함은 누가 원하지 않으랴.

유수유산처(有水有山處), 무영무욕신(無榮無辱身).

이것은 고려(高麗)때, 어느 사인(士人)이 벼슬을 내어놓고 전원(田園)으로 돌아가면서 자기 소회(所懷)를 읊은 시구(詩句)이어니와, 세간(世間) 어느 곳에 산수(山水)가 없으리오마는, 영욕(榮辱)의 계루(係累)만은 벗어나기 어렵다. 첫째 심신(心身)의 자유(自由)를 얻어야 하는데, 심신의 자유는 첨담과욕(恬淡寡慾)과, 그 보다도 생활안정(生活安定)을 반드시 전제조건(前提條件)으로 삼는다.

그렇지 않으면 산수(山水)사이에 가 있어도 무영무욕(無榮無辱)의 몸이 되지 못할것이다. 그러나 이 시구(詩句)를 읊은 그로 말하면, 아마도 그만 좀한 수양(修養)과 여유(餘饒)는 있던 모양이다. 아무타 단석표음(簞食瓢飮)의 청빈철학(淸貧哲學)을 고조(高調)하는 분이라도 안빈락도(安貧樂道)할 생활상기초(生活上基礎)가 없고서는 절대(絶對) 불가능(不可能)할것이 아닌가.

인생(人生)이 공부(工夫)를 교묘한 곳에서 하고, 실행

(實行)은 분주한 곳에서 하는것이 좋으나, 그러나 권태(倦怠)해지면, 다시 고요한 곳으로 가는것이 상례(常例)이니, 전원생활(田園生活)은 이 권태자(倦怠者)의 위안소(慰安所)이다.

권태자(倦怠者)뿐이 아니라 병약자(病弱者)에 있어서도, 도시생활보다 전원생활이 유익(有益)함은 말할것도 없다. 맑은 공기(空氣)와 일광(日光)과 달콤한 천수(泉水)는 확실히 자연(自然)의 약석(藥石)이며, 좋은 산채(山菜)와 야소(野蔬)며 싱싱한 과실(果實)은 참말로 고량(膏粱) 이상의 진미(珍味)이니, 이것은 전원생활에서 받는 혜택(惠澤)중의 몇 가지로서, 병약자에게도 크게 필요한 것이다.

흔연작춘주(欣然酌春酒), 적아원중소(摘我園中蔬).

이것은 전원시인(田園詩人) 도연명(陶淵明)의 명구(名句)로서 이익재(李益齋)의 평생 애송(愛誦)하던바다.

청복(淸福)이 있으면 근교(近郊)에 조그만 전원(田園)을 얻어서 감자와 일년감을 심으고, 또 양(羊)이나 한마리 쳐서, 그 젖을 짜 먹으며 살아 볼 인데, 그러나 이것도 분외과망(分外過望)일는지 모른다.

(文一平 "田園의 樂")

懷　鄉

대강(大江)의 유역(流域)이라면 한 굽이 돌때마다 촌마을씩 남기는것은 어디라도 다 같지만는, 우리 마을은

강스가이면서도 강촌(江村)과 같이 비티(鄙俚)하지 않었
던것이 나의 고향에 대한 한개의 푸라이드이다.

연산(連山)아 둘러기를 고형(孤形)으로 되어서 그 산
기슭에 백여호(戶)의 동네가 살고, 그 앞에는 뽕 나무
밭, 조 밭 담배 밭이 평야(平野)와 같이 벌어져 있는
데, 다시 그 앞으로 늘어진 느티 나무 방축이 하늘을
찌를듯이 벌려 섰다. 그 중에도 제일 큰 느티 나무 두
그루가 방축 한 가운데 서 있는데, 이것은 한 백년이
나 묵은 고목(古木)인지 여름이면 그 나무 그늘만 해
도 하루 종일 별 한번 들지 않을만큼 큰 나무이었다.
그 나무를 우리는 당 나무라 부르고, 여름 철에는 그
나무 밑에서 글도 읽고 놀기도 하였다. 이 방축 앞에
마치 비단을 빼아서 널어 놓은듯한 잔디 밭. 석양나절
이 되면 그 잔디 밭에서 말 달리기를 한다고 모두 옷
고름을 풀어서 고삐라고 해 가지고는, 타는 사람은 업
히고 게다가 마부(馬夫)까지 끼워서 말 노릇하는 아이
가 당나귀 소리를 치며 달음박질을 치는것은, 제법, 옛
이야기 같기도 하다.

다시 그 잔디 밭에 자갈 밭이 있어서, 여름에 물이
지고난 뒤에는 괴석(怪石)을 줍는다고 해서, 돌도 줍고,
인석(鱗石)도 주었으나, 그것은 주어다가 무엇에 썼던고?
그 앞이 바로 낙동강이라, 그러니까 뒤의 연산(連山)은
활 체와 같고, 앞의 강물은 활 줄과 같이 된 그 속
에서 나는 자라났다.

늦은 봄철만 되면, 우리는 강에서 살다. 글은 안 읽고 놀기만 한다고 종아리 맞은것도, 태형(笞刑)으로 칠다면 십년역(十年役)은 해운 셈이련만, 그래도 숭어 새끼 몇 마리 잡히는 자발무지에 재미를 붙여서 미끼로 쓰는 밥떠기 얻으려 동네ㅅ집 돌아다니면 일을 생각하면 극성스럽기도 하였었다.

그러다가 잘 안 잡히는 숭어 새끼에 정도 떨어지고 날써보 더 더워지면, 그적에는 우리가 모두 고기 새끼 잡이 물 속으로 들어 가기 시작한다……

그러면 고향을 떠나 온지 또 십년이 넘었다. 작년 가을에, 마침 남행(南行)을 하였다가 마을 부로(父老)를 한 분 만나서 고향 이야기를 물어 보았더니, 작년 물에는 느티 나무 방축도 많이나 떠 나려 갔다, 우리가 늘 떡 감던 "붉은 바위"소도 터무니 없이 되었다 한다. 아직도 고향에 돌아갈 겨약(期約)이 없지마는, 돌아간 대야 딴 나라와 같을진댄, 차라리 내 요람(搖籃)이던 옛 고향을 인제는 내 마음의 요람 속에 간직하여 둘수 밖에 없은가 보다.　　　　　〈李源朝 "鄕"에서〉

田園生活

오월이 다 하고 유월도 중순이 지나차, 처음으로 우리 출하 쫏 소식이 왔다. 맨 먼저 장독대 언저리와 채

송화가 아롱이 다롱이 여러 가지 빛을 겨루며 어우러져 피었다. 종씨네가 모종을 준 영생화도 봉오리를 맺고, 백 가지도 하얀 놈이 조래 조래 열렸다. 봉선화, 백일홍도 하마 피게 되고, 앞 울타리 밑으로는 코스모스가 반 길 넘겨 수북 자랐다. 매를 가쳐 하여 뒤ㅅ밭에 농상한 채소(菜蔬)는 가난한 네 식탁(食卓)을 조금은 푸짐하게 해 주었다. 상추 쌈을 먹었고, 열무 김치도 모처럼 맛 보았고, 아욱 국에 시금치 나물도 좋았다.

여름은 바야흐로 무르녹아 가고, 그러한 여름을 위하여 뒤 울타리로는 나팔 꽃 넝쿨이 제법 넓은 잎을 달고, 줄기 줄기 뻗어 올라 갔다. 석양이면 뻐꾹새가 수리산 허리를 울며 돌아 가고, 밤이면 밤새껏 건너편 숲에서 두견(杜鵑)이 울었다. 이러한 속에 나는 조용히 앉어서, 봄부터 여러 달 빈졌던 집필(執筆)을 다시 시작하였다.　　　　　　　　　　（蔡萬植 "집"에서）

落　鄕

내가 시골로 이사(移徙)를 해 온지도 벌써 한 달이 되어 온다. 사실 얼떨 결에 왔다. 운송점(運送店)으로 부친 이사ㅅ짐이 백여점(百餘點)이나 되고, 수하물(手荷物)이 얼만이요, 들고 온 보퉁이도 많었다. 아이들도 기차(汽車) 속에서 나중에는 골아 떨어져 똑 보퉁이 행세를 하였다. 봇짐 건사 외에도 놈들을 앉힌다, 눕힌다,

제운다, 깬다, 안고 나린다 참 법석이었다.

서골로 와서도 부산하였다. 흙 일을 하고, 목수(木手)를 부르고, 도배를 하고 하였다. 시량(柴粮)준비는 물론이지만, 춥기 전에 김장을 서둘러 하는것도 대단하였다. 그러나 한참 서둘르고나니까, 얼음이 얼고 눈발이 펄펄 날으는것도 두렵지가 않다.

내가 어렸을 때, 우리 선친(先親)께서도 한번 낙향(落鄉)하신 일이 있다. 그 때도 겨울이었는데, 눈이 펄펄 날리는 속을 우리 가족은 정거장에서 오십여리나 소를 타고 들어 갔다. 그것은 참 진기(珍奇)한 행렬(行列)이었다. 의거리 · 장농 · 화로 · 대야 하는것들이 소 우에 매달려 갔고, 어른 아이 할것 없이 소 잔등에서 끄덕어렸는데, 그것이 주욱 뒤로 이었었다.

그 때, 아버님은 꼭 현재(現在)의 나와 같으셨다. 바쁘고, 초조(焦燥)하고, 불안(不安)하고 하셨을것이다. 물론 아버님이 사령장관(司令長官)이셨는데, 양복을 입으신 아버님이 철도국원(鐵道局員)과 말 다툼을 하시던 모양이 눈에 선하다. 그 때 나는 아버님을 믿고 우러러 보는 마음으로 가득하였었다. 지금의 나의 어린 놈들도 기차 속에서 말성을 일으키고 골아 떨어지고 하였지만, 가슴 속에는 내가 어렸을 적에 경험(經驗)하였던바와 똑 같은, 아버지에 대한 애정(愛情)이 잠 자고 있으리라.

경성(京城)서 세 시간 가까이 걸리니까 아이들에게는 먼 노정(路程)이다. 한강 철교(漢江 鐵橋)를 지날 때 아이들은 작약(雀躍)하였는데, 그 무시무시한 철근(鐵筋)이며, 우르르 하던 음향(音響)이 저들에게는 인상(印象) 깊이 남을것이다. 나는 어렸을 적에, 벼 베인 뒤의 수답(水畓)을 차창(車窓)으로 바라보고 그것이 모두 강(江)인줄만 알었었는데, 지금 내 아이들도 견해(見解)와 지식(知識)이 그 정도(程度)이었다.

"서울이 좋냐? 시골이 좋냐?"

이것도 있었던 일이다. 어른들이 이렇게 물으니까,

"서울, 내 동무 많어요……"

하고 병휘(秉輝)가 대답하며 쓸쓸히 웃었다. 그의 눈에는 제법 향수(鄕愁)에 찬 애달픔이 엿 보였다. 제 동무들의 이름을 한 십여명 불러 대는데, 그 아이들이 일일이 그리운 모양이다. 그리고 새로 온 집이 좋으니 그르니 하는것과 시골 살림에 대한것과 같은 어른들의 문제와는 전혀 상관 없이, 저는 저대로 서울이 생각나는 모양이다.

그러나 인제 봄이 오면 산야(山野)에 화초(花草)가 가득하고, 동리 앞 시내에 물이 불어 고기 떼가 올라 댕길 터인데, 그 자연(自然)의 아름다움 속에서 한참 부대껴 나면, 저도 새로운 세계(世界)에 젖어 들고 말것이다.

(安懷南 "落鄕記"에서)

芭　蕉

　　작년 봄에 이웃에서 파초(芭蕉)한 그루를 사왔다. 얻어 온것도 두어 뿌리 있었지만 모두 어미 뿌리에서 새로 찢어 낸것들로 앉어서나 드려다 볼만한 키들이요, "요게 언제 자라서 키 큰 내가 들어 설만치 그늘이 지나!" 생각할 때는 저윽 한심(寒心)하였다. 그래 지나 다닐 때마다 눈을 때앗기면 이웃 집 큰 파초를 그예 사 오고 만것이다.

　　워낙 크기도 했지만 파초는 소 선지가 제일 좋은 거름이란 말을 듣고, 선짓는 물론이요 생선 썼은 물, 깨人묵 물 같은것을 틈틈이 주었더니 작년 당년(當年)으로 성북동(城北洞)에선 제일 큰 파초가 되였고, 올 봄에는 새끼를 다섯이나 뜯어 내었다. 그런것이 올 여름에도 그냥 그 기운으로 장 차게 자라, 지금은 이마 제일 높은 가지는 열 두 자도 훨신 더 넘을만치 지붕과 함께 솟아서 머언 공중(空中)에 드려웠다. 짖나는 사람마다 "이렇게 큰 파초는 처음 봤군!"하고 우려러 보는것이다. 나는 그 밑에 의자를 놓고 가끔 남국(南國)의 정조(情調)를 명상(瞑想)한다.

　　파초는 언제 보 든 좋은 화초다, 폭염(暴炎) 아래서 도 그의 푸르고 싱 그러운 그늘은 눈을 씻어 줌이 물보다 더 서늘한것이며, 비 오는 날 다른 화초들은 입을 닮은듯 우울(憂鬱)할 때, 파초만은 은은히 비人방울

을 풍기어 주렴(珠簾)안에 누웠으되, 듣는 이의 마음 우
에까지 비는 뿌리고도 남는다. 가슴에 비가 뿌리되 옷
은 젖지 않는 그 서늘함, 화초를 가꾸는 이 비를 기
다림이 여기 있을 것이다.　　　　　（李泰俊 "芭蕉"에서）

菊　花

지금은 어렴풋이 外에 생각나지 않지만, 내가 일구여
덟살 때까지 살던 널머리ㅅ골(板橋洞) 집은 차량들이 꽤
넓어서, 큰 능금나무가 있었고, 정향(丁香)나무도 볼썩이
나 있었는데, 더욱 많은것은 화초분(花草盆)이어서, 넓은
뜰이 그뜩 하도록 많이 있었다. 가을이 되면 국화가
만발(滿發)하는데 할아버지는 노랑, 보라, 흰빛으로 찬란
(燦爛)하게 핀 국화분을 사랑 마루 우에다가 쭉 올려
놓으시고, 저녁해 친구 어른들과 새로 빚은 약주(藥酒)를
잡수시었다. 약주 잔에다가 국화 꽃잎을 한두가락 홍 동
띄어 가치고 잡수시면서 한시(漢詩)를 읊으지는것에 어
릴때 철 없는 생각애도, 꽤 운치(韻致)스러워 보였다.
할아버지는 국화를 꽤 사랑하셔어, 내가 철이 나서 돌
아 가시는것을 뵈올 때까지, 가을이면 의례히 사랑 마
루에 국화분을 그득히 올려 놓으시고 즐기시던것 이었다.
나는 이런 시중을 들면서, 덩다라서 국화를 좋아 하게
되었다.
이것이 나와 국화와의 첫 인연(因緣)이어니와, 그 뒤

로는 별로 국화에 대한 관심(關心)이 없었는데, 내 큰 매부가 대단히 자상스럽고 오밀 조밀한 손작난을 좋아 하는 성미이어서, 화초를 기르고 물에다가 발 갈기를 좋아 하였다. 그래서 해마다 가을이면, 장인(丈人)께 싸기가 여름동안 걸른 국화를 몇 분씩 선사하였다. 꽃이 크고 탐스러워, 나는 매부의 비범(非凡)한 손 재주를 은근히 탄복(嘆服)하였다. 그러다가, 국화는 물론, 대여부 석류(石榴)나무, 영산홍(暎山紅), 수국(水菊), 옥잠화(玉簪花), 월계(月桂), 그 밖에 이름 모를 여러가지 화초를 여주 우리 집했다가 맡겨 버리고 낙향(落鄕)한 뒤로, 우리 집에는 이렇게 많은 화초를 첩여 병을 옮이 줬을 이가 없어서, 한 겨울을 치르고 나니까, 거의 반이나 죽고 말었다. 국화나무는 다행히 몇 분이 살어 있었지만, 우리 집에서는 화초가 잘 가꾸어지지 않는지, 꽃이 크고 탐스럽게 되지도 않고, 이럭저럭 하다가 국화는 거의 다 없어지고 말었다.

그러나 국화 볼 일념은 긋치지 않었던지, 여학교(女學校)에 다니는 누이동생 동무가, 지성스럽게 삼사년을 두고, 해마다 가을 철이면 큰 국화분을 우리 집으로 가지고 왔다. 그 여학생의 아버지가 덕수궁(德壽宮)서 국화 가꾸는 감독(監督)인가를 하는 분으로, 가을철이면 국화진렬(菊花陳列)에 빠짐없이 출품했으면 선외가작(選外佳作)꼴 뽑는 국화를 늘이 자기 자가(自家)로 내어 오는데, 철이 가까운 탓인지 우리 집에도 몇 분 나누어 주는것이었다. 말이 선의가 짝이어치 전문가(專門家)의 손에 일년 동안이나 갈리운것이니만치 꽃이 크고, 아주 호화(豪華)스러웠다. 보는 사람마다 어떻게 했느냐는둥, 어디서 사왔느냐는둥 칭찬이었다.

그러던것이, 그 색씨가 작년에 여학교를 졸업하고, 올봄에 멀리 시골로 시집을 가 버렸다. 결혼(結婚)하는것은 좋은 일이지만 금년부터 국화 줄 사람이 없어져서 어떻게 하나, 하고 나는 누이들과 웃었다.

이제 정(正)히 국추(菊秋), 국화가 복욱(馥郁)한 향기(香氣)를 피울 때이다. 이번 가을에는 집에 한떨기 국화가 없이 지낼른지 모른다. (趙容萬 "愛菊記"에서)

나 팔 꽃

한 말이나 두고 날마다 바라보며 얼른 자라저 꽃 피기를 기다리던 나팔꽃이 오늘 아침에 처음으로 세 송이 피었다. 분에 심어서 사랑 담에다 올린것이다. 가장 자리가 흰 진보라 빛 꽃들이다.

안 마당에다 심은 나팔꽃은 땅에다 심어서 그런지 또는 해ㅅ볕을 많이 받아 쏘여서 그런지 사랑것보다 훨신 장하게 자랐다. 그런데 꽃은 한 송이도 피지 않었다. 바야흐로 꽃 망울아 자라고 있었다.

실방 나는 세 송이 나팔꽃을 바라보고 있다. 참 아름다웁다…… 허나 동내의 마음은 여에 만족하지 않고, 안

마땅 꽃 되기를 바란다. 왜 그럴가. 제 송이 꽃이 부족해설가.

제 뿌리묘는 떡닢 나오기를 기다렸다. 떡닢여 나오니까 여서 열과 넝굴여 나와서 자라기를 기다렸다. 이러하여 나의 마음은 나팔꽃 넝굴의 쏠장을 서서 뻗어 나갔다. 그러면 나의 마음은 꽃에 이르러 머물렀을가.

시방 내 눈 앞에 제 송이 나팔꽃은 아침 이슬을 머금고 싱싱하다. 그러나 이 아침이 다 못 가서 시들고 말것이다. 그리하여 써가 앉고나면 나팔꽃이 보여 주는 "극(劇)"에 막(幕)이 나려지는 것이다.

그러나 그 때에도 나의 마음은 나팔꽃 아닌 또 무엇을 추구 追求 하고 있을게다.

마음은 영원(永遠)히 뻗어 가는 나팔꽃이다.

(金 東 錫)

水 仙

최근(最近) 한 달 동안은 사(社) 일로, 무슨 모딤으로, 또는 밤이 긴 때니 친구와 차스점에쳐 이야기로, 가끔 늦어져야 나오군 했습니다.

아기들과 안해는 흔히 잠 들어 있었습니다. 바람이 있으면 풍경이 땡그렁 해 줄뿐, 그리고 방에 들어 가면 문갑(文匣)우에 놓인 "한 멸기 수선(水仙)여 무거운 고개를 들기나 하는듯이 방긋 한 웃음으로 맞어 주었슈니다.

수선(水仙).

"너는 고향 故鄕 이 어디냐?"

나는 지난 밤 자리에 누으며 문득 그에게 이렇게 뭇삭였습니다. 그는 다음과 같이 도련 도련 대답해 주는 것 같았습니다.

"내 고향은 멀어요. 이렇게 추은데가 아나에요. 하늘이 비춰 같고, 따스한 해人볕이 입 김처럼 서리고, 그리고 물이 거울처럼 우리를 쳐다 보면서 찰락 찰락 흘러 가는데에요. 또 나비도 있어요. 벌도 날어 오는데에요."

하는듯, 또 그의 꽃 소리는 애처러워 내 마음을 에이는듯 했습니다.

"그럼 너는 이제라도 너의 고향에 가고 싶으냐?"

"네, 네, 나는 정말 이렇게 춥고, 새 소리도 없고, 새파란 하늘도 없는 이런 방 속에서나 필줄은 몰랐어요."

"하늘이 보고 싶으냐?"

"네. 따스한 하늘 말에요."

"새 소리가 듯고 싶으냐?"

"네. 물 소리, 벌 소리도요……"

"그럼 왜 이런 방에서 피었니우?"

"오건 내 운명(運命) 이에요. 물과 기운 氣溫)란 말의

현 아무데서나 피어야 하는것이 내 슬픈 운명이야요.
나는 그래 저녁마다 혼자 울거도 했어요."

나도 슬펐습니다.
나는 저에게 사랑과 정성을 배끼지 않었습니다. 저는
나의 사랑에만 만족 滿足 했을줄 믿어 왔습니다.
사랑의란 잔인(殘忍)하게도 한것, 나는 불을 끄고 누
혀 이렇게 깨달았습니다.
그러나 어찌 할가요? 나는 겨울이면 저를 서다 기
르는것이 무엇보다도 탐 내는 향락 享樂 이올시다. 죽엄
은 나의 단념(斷念)할수 없는 행복(幸福 이올시다.
절망할 일이올시다.   (李 泰 俊)

"鳶"

해ㅅ벌이 포근한 금 잔디 우에서 아이들이 연을 띄운
다. 손에서 얼레가 풀래를 돈다. 얼레ㅅ자루가 아이의 앞
구리를 탁 치기도 한다. 아이들와 눈 동자는 멀리 하
늘을 바라보고 있다.
구름 한 점 없는 푸른 하늘에 날고 있는 수 많은 연.
"쇠뿔장군"아 "반달"을 받으러 간다. "청마"는 오들
오들 떨면서 떨애서 이 광경을 쳐다 본다. "개우리꽉
지"는 촌 색씨처럼 머리ㅅ단을 길게 늘어 트란채, 이
품에 끼지 않고 혼자 떨어져 놀고 있다. 다른 연 갈

이─뽕나무를 설줄도 모르고, 뿍시 머리를 질끈 동여
맨 "대가리장군"이 이마빼기 하여 소름, 그 자리에 주
저 앉고 맙다.

"떴다! 떴다! 쇠뿔장군이 떴다!"

하 이들이 고함을 치면서 밭 고랑, 논 두렁으로 뛰어
갑다. 그렇게 부랑하게 굴던 쇠뿔장군이 반달한메 나잔
모양이다. 박동이며석은 제 정미때로 유리조각무로 더덕
겜치를 먹이더니, 바람이 센 날 며칠 동안은 장을 쳤
다. 그러던것이 높은 바람 뒤에 없는 오날은, 뿍동이의
효운 차기가루 갬게해 나가고 맨 것이얬다.

내가 일곱살 때라고 기억한다. 우리 나이 또래들은 아
직 연 띨 자격은 없고, 띤 야 실패로 방패연을 날리
거나, 고작해야 "불기짝얼래"로 가우리꼭짜를 올렸다. 그
려고 큰 아이들이 연 얼리는것을 손에 땀을 쥐어 가
며 구경하다가, 나가는 연이 있으면 쫓아 가서 잡아다
주곤 하였다.

어쩔 때는 띄 가는 연이 우로 우로 솟기만 하는 때
가 있었다. 그런 때는 뛰어 가기를 멈추고 그 연이 높
이 높이 하늘 우로 사라질 때까지 한 없이 쳐다 보
고만 있었다.

이러하여 우리들의 어린 시절은 드높은 창공을 바라
보다가 그날 그날이 저물어 가는 것이얬다.

〈金 東 錫〉

蜻　蛉

朴泰遠 編

잠자리 채는 낚시ㅅ대 끝에다 굵은 철사(鐵絲)로 원형(圓形)을 만들어 붙인것이다. 나는 아침 밥을 뚝 따 먹기가 무섭게 이 잠자리 채를 들고 이웃 집 기꾸시 락 밭으로 돌아 다니며 거미가 막 처 놓은 줄을 또 뚝뚝 했다.

아직 파리 한 마리 걸려지 않은 처녀망(處女網)은 아 침 해ㅅ볕을 받고 명주 실처럼 반짝인다. 거미는 숨어 있어져 보이저 않지만, 잠자리 채가 줄에 닿는 순간(瞬 間), 홀연(突然) 나타나군 한다. 식전 해장으로 먹을것이 걸려 들었구나 하고 얼굴을 내미는 모양이다.

또 어떤 놈은 망(網)한 복판에 죽은 척 웅크리고 있 는데 나는 그 놈이 앉은 반대편(反對便)에서 그 놈이 철사원 鐵絲圓의 중점(中點)이 되도록 잠자리 채를 갖다 댄다. 그러면 거미는 질겁을 해서 외 줄을 타고 추 녀 밑으로 피란(避亂) 해 버리는 것이다.

나는 주인 없는 거미 줄을 유유(悠悠) 히 낚는다. 잠 자리 채의 자루를 돌려는 내 어린 팔 목에 전(傳)해 지는 거미 줄의 탄력(彈力)은 물 고기의 꿈틀거림을 전 하는 낚시ㅅ대를 쥐고 있는듯한 감각(感覺)이다요.

한 여름 뙤약 볕이 쨍하게 내려 쪼이는 행길 위에 잠자리차 무뚜히 날고 있다. 내려 앉는 법 없이 날고 만 있는 놈들이다. 채를 한번 휘둘르던, 두저너 마리쑥

한꺼번에 접힌다. 붉은 빛인데 고추 잠자리보다 훨씬 엷은 빛갈이다. 이런 잠자리는 하도 흔해서, 내가 잡고자 하는 목표(目標)가 되지 않는다.

또 이와는 정반대(正反對)로, 날으는 법 없이 행길 한복판에 앉아만 있는 놈이 있다. 인기척이 나면 날아서 두어 걸음 앞에 가서 주저 앉고 만다. 쳇대 검은 줄이 진 꽁지가 척척해서 보기 흉하고 잡아 보면 이렇게 맥(脈) 없는 잠자리도 없다.

내가 잡고자 하는것은 크고 힘 센 장사 잠자리다. 파리를 잡아 주면 한 입에 먹어 버리고, 또 손가락의 살스점을 물어 뜯기가 일수인 놈이다.

장사 잠자리는 씨가 귀한데다가 만나도 잡기가 힘 든다. 한번 날으면 실리나 달아나기 때문이다.

그러나 전동이가 신록(新綠) 빛으로 푸른 암 놈을 한 마리 잡고만 볼 말이면, 전동이가 하늘 빛으로 푸른 숫 놈을 낚으기란 엿 먹기다. 이 포로(捕虜)된 암 놈의 꽁지를 실 꼴으로 동여 매 가지고 연못 가에 가서,

　　　　잠자아라　꿈자라
　　　　절로가면　죽는다
　　　　일로오면　사난다

하고 노래를 부르면, 어째선지 장사 잠자리의 숫 놈들이 날아 온다.

이렇게 해어 잡은 잠자리들을 나는 모조리 꽁지를 빼 드르고 그 대진 밀 집을 꽂아서 귀양 보낸다고 날려 보 내는것이었다. 그러면 꽁지 빠진 장사 잠자리는 댓잎을 때서 필사의 힘을 다하여 끝 없이 끝 없이 날어 간다.

어린 시절은 벌서 이십여년 전 까마득한 옛 날 이 야기로되, 잠자리 잡던 기억만은 시방 오히려 싱싱하다. 꽁지 빠진 잠자리가 날어 가는 광경이 눈 앞에 선하다. 아니 그 잠자리가 지닌 괴로운 몸 짓을 이제 내 스 스로 느끼는것 같다. 어떠한 고통(苦痛)이 있을지라도 살 펴고 애 쓰는것은 숭고 崇高 한 노력(努力)이다. 나는 시 방 새삼스러이 꽁지 빠진 장사 잠자리를 생각하고 교 훈(敎訓)을 받는다.　　　　　　　　　　（金 東 鳴）

어린 時節

사방은 산이 빽 둘러 섰다. 시내가, 아침에 해도 겨 우 기어 오르는 병풍 같은 덕유산 德裕山） 준령 峻嶺） 에서 흘러 나와, 동리 앞 남산 南山） 기슭을 씻고 새 벽 달이 쉬어 넘는 강선대(降仙臺) 밑을 휘돌아 나간 다. 봄에는 남산에 진달래가 곱고, 여름에는 시내人가 버 드나무 숲이 짙고 가을이면 멀리 적성산(赤城山)에 새 빨간 불꽃이 일고, 겨울이면 산人새가 동리로 눈 보래 를 피해 찾어 온다.

朴泰遠 編

나는 그 속에 한 소년이었다. 사발중의를 입고 사철 맨발을 벗고 달음질므란 다녔기 때문에 돌뿌리에 채어 발구락에 피가 마르는 때가 없었으나 아픈 줄을 몰랐다. 여울에서 징게미 뜨기와 덤불에서 멥새 잡기를 좋아 하여, 낮에는 늘 山과 물人가에서만 살았고 밤에는 씨름 판에가 날을 새웠다.

어떤 날 나는 처음으로 풀을 뜯기러 소를 몰고 들로 나갔다. "이라, 어저저저"하며 고삐만 이리 저리 채면 그 큰 몸뚱이를 한 짐승이 내 마음대로 제어(制御) 되는것이 나의 조고만 자만심(自慢心)을 간지럽혀 주었다. 소가 풀을 우둑 우둑 뜯을 때, 그 향기(香氣)가 몹시 좋았다. 산 그림자 속에 소 풍경 소리가 맑았다.

나는 해가 지는줄을 몰랐다. 이웃 집 영감님이 재촉하지 않았더면 밤이 깊는줄도 몰랐을것이. 집에 돌아왔을 때는 아주 날이 깜깜하였다. 모두들 마루에 불을 달아 놓고, 저녁도 먹지 못하고 걱정 속에 나를 기다리고 있었다.

"왜 이렇게 늦게 오느냐."

하고 어머님이 꾸중을 하셨다. 그러나 나는 입술을 무신 어머님의 이빨 사이로 웃음이 터져 나오는것을 보았다. 어머님은 얼굴에 더 노염을 가장(假裝)하려고 하시나, 뼐에서 피어 오르는 기쁨을 억지할 길이 없으신 모양이었다. 끝끝내 웃으시고야 말았다. 그리고 이렇게 칭찬까지 하셨다.

"우리 환리가 인젠 다 컸구나."

머슴은 소 고삐를 받아 말뚝에 매 놓고는, 일어 서서 소 엉덩이를 손바닥으로 철석 때리며,

"이 놈의 소 오늘 포식(飽食)했구나. 어떻게 쳐 먹었던 배지가 장구통 같다."

이렇게 욕설을 하였다. 그러나, 소는 머슴의 이 욕설이 만족(滿足)의 표시(表示)인 것을 아는지 몸 말뚝에 비빌 뿐이었다.

이튿날, 나는 학교에서 하학(下學)을 하고 나오자마자, 할머님이,

"어린것이 어느새 어떻게 소를 뜯기러 다니느냐."

하고 말리시는 것도, 동무들이 山으로 맵새 알을 내러려 가자는 것도, 보시들로 물 고기를 훑으러 가자는 것도 다 물리치고, 또 소를 뜯기러 나갔다.

가을이 되자, 나는 머슴을 따라 다니며 겨울 먹일 소풀을 뜯어 말렸다. 겨울에는 여물을 썰고, 소 죽을 쑤었다. 그랬더니, 이듬 해 첫 봄에 소가 새끼를 낳았다. 나는 동생을 보던 날처럼 기뻐, 밤 새도록 잠을 자시 못하였다.

이 시절이 나의 가장 행복(幸福)하던 시절 내 마음의 고향(故鄕)이다. 돌아가신 어머님 생각이 날 때면, 그 시절을 생각한다. 그리고 소를 생각한다. 고향이 그리울 때면, 그 시절이 그립다. 그리고 소가 그립다.

(金煥泰 "나의 이니스프리이"에서)

불

딸을 막 보내고 돌쳐 서던 모친은 힐끗 지붕을 치여다 보더니, 별안간;

"아! 저게 웬 일야?"

하고 외 마디 소리를 치고는 다서는 말을 어울리지도 못 하고 밥 먹는 아들더러 어서 나려 오라고 손 짓만 하고 벌벌 떤다. 돌쳐 가려면 딸도 강충 강충 뛰여, 무서워서 들어 오려도 못 하고 골목 밖으로 뛰어 나가도 못 하면서 오빠만 부른다. 상 머리에 동생과 막 앉은 오래비가 깜짝 놀라서 배 고팠것도 잊어 버리고 맨 발로 단 걸음에 뛰어 나려 와 보니 뒷ㅅ집 처마와 이 집과 맞 닿은 사이에서 연기가 모락、모락 쏟아져 나오는 것이 밤 하늘에 뻘얗게 퉁기어 나간다.

"불! 붉! 불…"

겁 결에 속마쳐 비었으니 목 소리가 크게 나올수도 없다. 마치 꿈 속에서 소리를 지르려면서도 몸이 꽉 막혀서 허위닥거리는 셈이다. 어린 동생도 순갈을 내던지고 뛰어 나려 왔다. 저녁 상을 받고 자시려던 부친마저 뭐야 뭐 하고 뛰어 나왔다. 부친은 칠십노인(七十老人)이 빈 속에 약주 藥酒 를 자신 끝이라 몸떼는 다리를 잘 가누지를 못 한다. 그 때까지도 여기서는 "불야——" 소리를 시원스럽게 지르지를 못 하다가, 이 집애서 수선겨리는 통에 제 각거 잘 차비로、헤어져 들

어 갔던 옆 집, 앞 집 사람이 뛰어 나오며, 비로소 불
야! 소리 벼락 같이 질러서 소동을 일으켰다.

연기는 그대로 가라 앉을듯 하더니 풀석 하고 호되
게 다시 뿜은 뒤를 따라서 뱀의 혀 바닥 같은 불ㅅ
길이 호르를 하고 떨면서 치밀어 올라 왔다. 동리는 홈
시로 물 끓듯 하였다. 벌의 집을 쑤셔 놓은것 같이 제
각기 떠들고, 제 각기 갈팡질팡이다. 그러나 아무도 감
히 지붕에 올라 가는 사람은 없다. 지붕에 올라 가서
물을 한두 바가지 끼얹어 본댔자 별 도리가 없겠지만,
그보다도 아무려 허접쓰레기 짧은 세간이라도 그것부텨
한 가지라도 빼 내는것이 급하였다. 아무렴 고루거작 高
樓巨閣 이라도 집은 떠 가지고 가지 못 할것이니 "불
야——" 하면 누구나 집부텨 돌고 나서는것이지마는 어
선대로 얽어 놓은 집——자식의 대 代)에까지 물려 주
게 될까 보아 접을 해는 집——당장에 어디로 뛸어 가
지고 잘지 모르는 이 집이나 이왕이면 솔 쪽박이나 모
자라진 비ㅅ자루 하나라도 손ㅅ길 들여 쓰던것이나 건
져 내뼈는 것이다.

불 난 이 편 쪽이고, 가운데 길을 건너 저 편 쪽
이고 나오느니 세간이다. 으스러지라는듯이 바위 우에 매
던지는 농ㅅ짝, 헤갈을 하고 흩어지는 때 묻은 이부ㅅ자
리, 그릇 박을 안은채 바위ㅅ돌에 나동그라지며 사기 요
롯이 악살을 하는 칼 날 같은 모 친 소리와 함께 무
릎에서 피를 철 철 흘리며 목을 놓고 우는 아낙네의

고생에 찌든 그 얼굴! 열바가지가 바위 아래로 떼떼굴 굴러 나려 가는것을, 그래도 울며 불며 잡으려고 쫓아 나려 가는 맨 발 벗은 다박머리 계집 애! 손과 발이 공중 걸려서 뒤재주를 치며 얼기 설기 비비고, 꿇고 맞 다닥드리고 그런대로 입으로는 제 각기 악에 바친 소리를 버럭 버럭 지르며 아우성을 치는 그 속에서 어머니를 울부짖고 찾으며 갈팡대는 아이들은 돋 발人길에 톡톡 채어 세상이 떠나갈듯이 울어 재치는데, 덩다라 놀란 개 떼는 어디서 몰려 온것인지 점점 더 세차 가는 시뻘건 불人길을 바라보며 가로 뛰고 세로 뛰며 짖어 댄다.

서까래 잘은 기둥에 푼오라 널과 멍석 조각으로 얽어 매고 생철 지붕이 아니면 한두 치 두께 밖에 못 이은 새 장 같은 집이 처마를 이어 맞 닿였는데 열흘 보름씩 가문 끝이니 말은 솔 잎대 소시개人불을 질른 셈이다. 게다가 평지(平地)에는 바람이 없어도 여기에는 산人바람이 내리질리니 전후좌우(前後左右)로 훈훈 홀홀 번지 나가는 불人길은 이 집을 뒤 덮는가 하면 눈 깜짝 할 사이에 벌서 저 집 지붕을 낼름 하고 뻘건 혀人발로 핥아 간다. 여간 물人동이쯤이야 닳은 석에 눈이지만, 이 불人길을 치어다 보는 사람은 언지리로 끼어 즉, 구경꾼뿐이오, 누구 하나 불이 어디까지 펴졌는지 정신을 차리고 보려는 사람조차 없다.

(廉想涉 "삼대"에서)

큰 물

朴泰遠 編

단 십분을 잤는지 몇 시간을 잤는지, 밖에서 경호가 아저씨 소리를 치며 불러 대는 설레에 화닥닥 놀라 깨었다. 마루로 뛰어 나서면서 보니, 물은 마침내 넘쳐 들어 오고 있었다. 그것도 잘람 잘람 넘치는것이 아니라, 흡사 큰 독을 엎지른듯 한꺼번에 와 하고 높은 물결이 몰려 들고 있는 것이었다. 번번이 그랬었다.

순식간에 물은 마당으로 부엌으로 마루 밑으로 넝큼 히 차서 연해 뒷ㅅ결으로 흘러 나가고, 그러면서 점점 붙어 올랐다. 내 입에서 말이 떨어지기 전에는 부둥갱 이 하나라도 들어 내갈 생각을 말라고 어제부터 몇 번 다져 둔 터라, 안해와 경호는 발만 동 동 굴으며 어쩔줄을 몰라 했다.

이윽고 우지직 하더니 바른 편 울타리가 두둥실 떠 내려 가고 있었다. 이상한것은 물이 넘치기까지는 땅이 패이지 않다가도 한번 넘치고만 보면 그 때는 하잘것 없이 문명 문명 떨어져 나가군 하는것이었다. 울타리가 떠 내려 가는것도 그 때문이다.

울타리가 없어지자, 물은 더욱 좋아라고 밀려 들었다. 물에 떠여서 보이지는 않으나 장독대와 우물 두던이 반은 넘겨 묻혀 나간상싶었다. 그 속으로 가다가는 주 초 柱礎를 범범 犯할 시각도 머지 않은것 같았다. 나는 속으로는 어떡 헐고, 어떡 헐고, 조마 조마 하면서도 진득이 뒷마루에 앉어서 버티었다.

물은 드디어 안 마루의 마루ㅅ전을 스치며 빠저 나 갔다. 어디선지 조고마한 나막신 한 짝이 떠 들어 와 서는 마루ㅅ전에 부디치며 뱅뱅 잠돌고 있었다. 무엇인 지 모르게 마음이 처량 懷凉 하면서, 잠간 현실 現實 을 잊어 버리고 나막신 짝만 바라다 보기에 여념 餘念 이 없었다.

뒷집 학생이 철버덕 철버덕 헐떡어리며 쫓아 들어 왔다. 일을 당하는 족족 맨 먼저 달려 와서는 세간도 날러 주고 하며 고마이 구는 학생이었다.

「아, 왜 이러구 기세요?」

「쯧 | 괜찮을상 불러서……」

나는 미소 微笑 를 하면저 천연(天然) 스럽게 대답을 하였다.

「오온 | 괜찮은게 다 멉니까? 어서 내 놓세요! ……」

그리고는 휘 휘 둘러 보다가 다짜고짜 마루 앞으로 뛰어 가더니, 세간을 담어 놓은 궤 짝 하나를 불끈 들 러 메고는 철벅어리며 나가는것이었다. 그제는 안해와 경 호도 방에서 부담과 보따리를 하나씩 집어 내다가, 애 고 안고 허둥 지둥 달려 나가고, 그와 엇갈려 종ㅅ네 아주머니와 사위가 앞 서거니 뒤 서거니 쫓아 들어 오 고. 뒷집 한서방(韓書房)은 지게를 지고 들어 오고. 들어 와져는 제 각금 닥치는대로 한 개씩 들어 내 가 고. 떠버리라는 별명을 듣는 우리집의 공장 십장(工場

什長은 삽을 둘러 베고, 달려 들더니 자리ㅅ문으로 짐을 내가기가 옹색하고 더디대서 뒤ㅅ결의 울타리를 바서트려 터 놓아 버리고.

다른 사람도 몇이 더 와서 운력을 해 주었고, 십여 명이 어울려 뻔찔않게 들락 날락 하는 동안 순식같에 집 안은 말끔 하더 죄다 치워졌다. 그 거친 죄다 치워졌을 무렵하여, 문득 나는 언제적부려인지 그들과 함께 이러 닫고 저리 닫고 하면서 세간을 날러 내 가기에 정신 없이 납뛰며 있는 내 자선을 비로소 발견하였다.　　　　　　　　　(蔡萬植 "집"에서)

入院한 날

입원실(入院室)은 이층 제구호실(第九號室), 북악(北岳)이 멀리 내다 보이는 방입니다. 옆에 누은 노파(老婆)의 말을 들을것 없이 북향(北向)이라 광산(光線) 구경은 천생 할수 없이 되었습니다. 마는 볕이 쨍쨍이 드는 밝은 방보다 내게는 오히려 나을지 모르겠습니다. 유리창 밖으로 보이는 하늘과 공기도 재ㅅ빛입니다. 그래서 방은 더욱 음울(陰鬱)합니다.

옆의 노파가, 어쩌 눕지 않고 왜 그러고 있느냐 합니다. 노파는 내가 안 눕는것이 딱하기보다 아무도 따라 온 사람 없이, 혼자서 이 모양으로 앉었는 내 행색(行色)이 궁금한 눈치입니다. 하나, 나는 눕지 않습니다. 눕기 싫습니다. 싫다기보다 누어지지 않습니다. 어쩐지 누으면 통곡이 터질것 같습니다.

지녁 일곱시쯤하여 어머님이 위에 덮 덮을 이불과 그 외의 소용 될것들을 가지고 오셨습니다. 어지러우셔서 전차도 못 타시고 그 머나 먼, 어둔 길을 오랜 시간을 걸으시어, 그것도 병원의 방향을 물으시며 물으시며 겨우 찾어 오셨습니다. 하루 종일 자터 옷을 빠시고 이불을 빨아서, 말녀서, 다듬어서 잇을 시치시느라고 마차(馬車)같어 바쁘셨을것이 눈에 보입니다. 그러고 또 우셨나 봅니다. 아니, 확실히 우셨습니다. 어슴푸레한 전등불 빛에 눈이 부으신것이 알녀집니다.

내가 X광선(光線)을 쬐면 날, ──아니, 그 전 위궤양(胃潰瘍)이라는 의사(醫師)의 진단(診斷)이 났을 때부터 어머님은 이 세상에 그런 병은 나 하나 밖에 없는것으로 겁(怯)을 내시어, 진지도 안 잡숫고 잠도 안 주므시고 그대로 우시기만 하시어 목이 꽉 잠기셨던것 입니다.

(가엾은 어머님. 불상한 내 어머님.)

나는 자터에 누어 내 어머님 단 한분을 위하여서라도 하루 바삐 병이 나어야만 하겠다 생각하였습니다.

(崔貞熙 "病室記"에서)

주 검

그저께 아침, 우리 성북동(城北洞)에서는 이 봄에 들어 가장 아름다운 아침이었다. 진달래, 개나리가 집집마다 웃음, 소리 치는듯 피어 휘어지고 살구, 앵도가 그 뒤를 이어 봉오리가 벌어지는데, 또 참새들은 비 개인 맑은 아침인것을 저이들만 아는듯이 꽃 숲에 지저귀는데, 개울 건너 뒤 집에선지는 사람의 곡성(哭聲)이 낭자하게 일어났다.

오늘 아침 집을 나오는 길에 보니 개울 건너 그 울음 소리 나던 집 앞에 영구차(靈柩車)가 와 졌다. 개울 이 쪽에는 남녀 여러 사람이 길을 막고 서서 죽은 사람 나가는것을 바라보았다. 나도 한참 그 축에 끼어 졌었다.

그러나 나의 눈은 건너 편보다 이 쪽 구경꾼들에게 더 끌리었다. 주검을 바라보며 주검을 생각하는 그 얼굴들 모두 검은 구름ㅅ장 아래 선것처럼 한 점의 어둠이 비껴 있었다. 그 중에도 한 사나이, 그는 일견(一見)에 "저게 살아날수 있을가?"하리만치 중(重)해 보이는 병객(病客)이었다. 그는 힘ㅅ줄이 고긔 뼐처럼 일어 선 손으로 지팽이를 짚고, 가만이 서서도 가쁜 숨을 몰아 쉬이면서, 억지로 미치는듯한 무거운 시선(視線)을 영구차에 보내고 있었다. 나는 속으로 "옳지! 너

朴
泰
遠
編

는 남의 일 같지 않게 보겠구나"하고 측은(惻隱)히 그를 바라보았다. 그는 이내 눈치를 채인듯 나를 못 마땅스럽게 한번 힐끗 쳐다 보고는 차팽이를 돌리어 다른데로 갔다.

그 나에게 힐끗 던지는 눈은 비수(匕首)처럼 날카로웠다. "너는 지냈니? 너는 안 죽을떼냐?"하고 나에게 생(生)의 환멸(幻滅)을 꼬드겨 놓는것 같았다. 나는 다소 우울 憂鬱 을 느끼며 길을 걸었다. 얼마 걷지 않아서 영구차 편에서 곡성이 들려 왔다. 호러와 고개를 넘는 길에는 새들이 명랑(明朗)하게 지저귀었다. 사람의 울음 소리! 새들의 그것보다 얼마나 불유쾌(不愉快)한 소리인가!

주검을 저다지 치사스럽게 울며 불며 멈비는것은 아마 사람 밖에 없을 것이다. (李 泰 俊)

貧 村

여기 모여 사는 말십여호라는 집들이 할매치게 생긴 것처럼, 그들의 감정(感情)이나 행동(行動)이다, 의혹(衣服)이다, 어떠면 먹는것까지라도 한 빛갈로 물 들인것처럼 알매지다고 할수 있다. 알매지니 차별(差別)이 없고, 고하(高下)가 없고, 구분(區分)이 없다. 다만 구차라는 한 빛으로 칠해지고 가난이란 한 줄기로 엮어 꿰

어서 모여든 사람들이다.

그들에게 비단 옷이 없는것과 같이 양반이라는 생각도 없다. 그들에게 물질적(物質的)으로 자랑할 아무것이 없는것과 같이 감추어야 할 아무것도 없는것이다. 누가 더 잘 먹고, 더 잘 입고, 더 좋은 집에 산다는 자랑도 없거니와, 헐벗고 굶주리는것이 칭피스럽다고 감추려는 생각도 없다.

그들에게 층하가 있다면, "향당(鄕黨)엔 막여치(莫如齒)"라는 노소관계(老少關係) 밖에 없고, 이것은 동시에 노인(老人)의 자랑도 되었다. 그리고 젊은이의 자랑은 오직 자기의 힘뿐이다. 힘은 건강(健康)과 활동력(活動力)이다. 밥이 여기서 나오는것이니, 식구를 굶기지 않는다는것이 한 자랑일지 모르기 때문이다.

그 외에는 누구나 똑 같은 사람이오, 똑 같은 근심을 근심하고 있는것이다. 여기서 서로 동정(同情)이 생기고 우열(優劣)이 없으니, 싸움이 없고 구차를 숨기지 않으니 의논성스럽게 서로 서로 돕는것이다.

(廉尙燮 "불똥"에서)

가 난

간도(間島)에 가을이 왔다.

가을 들어서부터 나는 대구 장사를 하였다. 삼원을 주고 대구 열 마리를 사서 등에 지고 산人골로 다니면서 콩과 바꾸었다. 그러나 대구 열 마리는 등에 질수 있었으나 대구 열 마리를 주고 받은 콩 열 말은 질수 없었다. 나는 하는수 없이 삼사십리나 되는 곳에서 두 말씩 두 말씩 사흘 동안이나 저 왔다.

우리는 열 말 되는 콩을 자본 資本) 삼아 두부(豆腐) 장자를 시작하였다. 안해와 나는 진 종일 매스를 질을 하였다. 무거운 매스돌을 돌리고나면 팔이 뚝 떨어지는 듯 하였다. 내가 이렇게 피로울적에, 해산 解産 한지 며칠 안 되는 안해의 피로움이야 어떠 하였으랴? 그는 늘 낯이 부석 부석 하였었다.

교스구뼝만한 부엌 방에 가마를 걸고 매스돌을 놓고 나무를 드리고 의복 가지를 걸고 하면 사람은 겨우 비비고나 앉게 된다. 뜬 김에 문 창은 떨어지고 벽은 눅눅하다. 모든것이 후질근 하여 의복을 입은채 미지근한 물 속에 들어 앉은듯 하였다. 어떤 때는 애 써 간아 놓은 비지가 어 뜬 김 속에서 쉬어 버린다.

두부스물이 가마에서 몹시 끓어 번질 때, 우유 牛乳) 빛 같은 두부스물 우에 때려 빛 같은 노란 기름이 엉기면 (그것은 두부가 잘 될 증조다) 우리는 안심한다. 그러나 두부스물이 희멀금하여지고 기름스기가 돌지 않으면, 거기만 시선 視線 을 쓰고 있는 안해의 낯 빛부터 흘러 가기 시작한다. 초록 처 보아서 두부스밥이 서지 않고, 메캐지근 하게 풀어질 때에는 우리의 가슴은 덜컥 한다.

"또 선개로구나? 저를 어쩌누?"

젖을 달라고 빽 빽 우는 어린 아이를 안고 서서 두 부人을만 드려다 보시던 어머니는 목 멘 말을 하시며 우신다. 이렇게 되면 온 집안은 신산(辛酸)하여, 말 할 수 없는 음울(陰鬱), 비통(悲痛), 처참(悽慘), 소조(蕭條)한 분위기(雰圍氣)에 쌓인다.

"너, 고생한게 애닯구나! 팔이 부러지게 갈아서…… 그거(두부)를 팔아서 장을 보려고 태산(泰山) 갈이 바랬더니……"

어머니는 그저 가슴을 뜯으면서 우신다. 안해도 울듯 울듯이 머리를 숙인다. 그 두부를 판대야 큰 돈은 못 된다. 기껏 남는대야 이십전이나 삼십전이다. 그것으로 우리는 호구(糊口)를 한다. 이십전이나 삼십전에 어머니는 우신다. 안해도 기운이 준다. 나까지 가슴이 바짝 바짝 조인다.

그러한 날은 하는수 없이 쉰 두부人물로 매를 에우고 지냈다. 아이는 젖을 달라고 밤새껏 빽빽거린다. 우리 살림엔 어린것도 다 귀찮었다.……

(崔鶴松 "脫出記"에서)

第 二 部

1, 봄. 2, 여름. 3, 가을. 4, 겨울.
5, 해, 달, 별, 하늘, 구름. 6, 새벽, 아침, 낮, 저녁, 밤. 7, 비, 우뢰, 바람, 눈, 서리, 얼음. 8, 바다, 배, 섬, 港口, 江. 9, 거리, 길, 公園, 山, 들. 10, 집, 村落. 11, 汽車. 12, 散策, 遊山, 登山. 13, 장마, 가물, 큰물, 불. 14, 生活, 勤勞, 가난, 病.

1. 봄

★비가 조곰 오다가 개였다. 그날 안해는 열(熱)이 좀 더 심했고 더욱 피로웠다. 그러나 날은 현저히 풀렸다. 얼어 붙었던 수채 구녕이 녹고, 들창에 비치는 해ㅅ살도 유난히 부ㄷ르려웠다. (姜敬愛)

★바위 틈에서 샘물 소리 밖에 안들리는 산ㅅ골자기니까 맑은 하늘의 봄ㅅ빛은 이불 속 같이 따스하고 꼭 꿈꾸는것 같다. (金裕貞)

★봄 해는 어느덧 서천(西天)에 기우는데, 이 집 저 집에는 살구 꽃이 만발하였다. 뒤ㅅ산 솔 밭 속에서는 뻐꾹새 우는 소리가 처량히 들린다. (李箕永)

★입춘(立春)이 내일 모레래서, 그렇게 생각하여, 그런지는 몰라도, 대낮의 해ㅅ살이 바로 따뜻한것 같기도 하다. (朴泰遠)

★내일 모레 창경원(昌慶苑)의 『야앵』(夜櫻)이 시작 되리라는 하늘은, 매일 같이 얇게 흰 구름을 띄운채, 휘헌하게 흐리다. (朴泰遠)

★어제 하루 종일 비가 나리더니, 오늘 날은 활짝 들었어도, 이 곳 무학재 고개를 넘어처 세찬 바람이 어쩌제 두부 막이를 장 속 깊이 간수한 봄 치장에는 제법 쌀쌀스러웠다. (朴泰遠)

★풀 포기 눈데 문데 칸드러진 채비 꽃이 고개를 볼고 섰다. 제비 꽃은 차ㅅ주빛, 눈꼽만큼색한 피밥 꽃은 노랗다. 하얀 부룻 꽃도 한참이다. 더황도 꽃만은 곱다. (蔡萬植)

★산은 골차기마다 기슭마다 한참 봄이었다. 천남해가 불 붙어 올라 오듯, 따스한 양지 판에서부터 시작해서 한 편으로는 골자구니로 나려 붙고, 한 편으로는 산 봉오리로 올려 붙는다. (李泰俊)

★늘 지나 다니는 식은관샤(殖銀官舍)에는 울타리가 넘게 외있던 코스모스들이 푸른 풀에 미쳐 번것처럼 시커멓게 무

르녹고 말았다. (李泰俊)

★학교 운동장 저 편 담 밑에는 이름도 모를 노랑 꽃이 봄마다 피었었다. (朴泰遠)

2. 여 름

★운현궁 (雲峴宮)의 문 앞 풀과 담장 안으로는 잔디야, 솔 포기야, 버들이야, 모두 새삼스러운듯 눈이 부시게 연푸른 새 잎들이 피어 나서 있다. (蔡萬植)

★남풍 (南風)이 솔솔 불어 오자 보리들이 누런 빛으로 변한다. 단순 (單純)하지마는 아름다운 풍경 (風景)이다. 물론 날씨는 계속하여 화창하기만 하고, 젊은 이들의 마음을 아지랑이 같이 가볍게 만드는 계절 (季節)이다. (安懷南)

★양칫물 같이 푸른 하늘에는 당태 솜 같은 흰 구름이 둥둥 떠 뜨는데, 녹음 (綠陰)이 우거진 버들 숲 사이로서는 서늘한 매암이 소리가 흘러 나온다. (李箕永)

★푹 푹 찌는 중복 (中伏) 허리에 불 불어 쟁 쟁 나는 저녁 때다. (李箕永)

★산뜻한 바람이 어데서 이는지 양바들 잎새를 바르르 불러우는데, 아래ㅅ말로 가는 산ㅅ길이 희미하게 뭐ㅅ산 산등 위로 보인다. (李箕永)

★오일 오후 – 멋 없도록이나 맑게 개인 날이다. 누구나 그대로 집안에 붓박혀 있지 못 할 날이다. 볼 일도 없건만 공연스리 거리를 휘돌아 다니고 싶은 날이다. (朴泰遠)

★어제나 그저께나 한가지로, 하늘에 흰 구름이 앓이 떠 뜨는채 바람 한 점 없이 그대로 묵 묵 찌는 날이다. (朴泰遠)

3. 가 을

★그 해 가을은 예년에 없는 풍년 (豐年)이 들어 추수 (秋收)는 어느 때보다도 흡족 (洽足)하였다. 더덩에는 벼ㅅ단과 조ㅅ단의 날가리가 덤덤이 누른 산을 이루었고, 두주짠

에는 잡곡 (雜穀) 이 그득 개어졌다. 날어 굵은 콩도 여러 섬
이 되어서 내년 봄 소곰밭이에도 흔하게 실고 갈 수 있을것
이다. (李孝石)

★첫 가을이면 송이 (松栮) 의 시절 (時節) ── 좀 일르면『솔
골』로 뜻 송이 따러 가는 마을 사람들이 묵 위를 히끗히
끗 올러 가기 시작 한다. (李孝石)

★봉곳이 흙을 떠 바뿔고 올라 오는 송이 (松栮) 를 찾었을
때의 기뿜! 바구니에 듬짓하게 다 가지고 식구들과 함께 묵
ㅅ길을 걸어 나려 올 때면, 송이의 향기 (香氣)가 전신 (全身)
에 흠뻑 밴다. (李孝石)

★어디서 이다지도 맑은 바람이 이리 시원스리 불어 둡니
까. 부채질 하던 손을 멈추고 한참을 혼자 망연 (茫然)하여
집니다.

문득 깨닫고, 고개를 들어 하늘을 우러러 봅니다. 오오, 그
렇게도 높고 또 깨끗한 저 하늘──

우리 모를 사이, 어느 틈센가 가을은 이 곳을 찾어 온것
입니다. (朴泰遠)

★제일 가을다웁게 하늘이 맑고 또 높다. 더구나 오늘은 시
월 (十月)들어서 첫 공일 (空日) ── (朴泰遠)

★이끼 앉은 돌 층게 밑에는 발이 묻히게 낙엽이 쌓여 있
고, 삿 나무, 전나무 같은 상록수 (常綠樹)를 빼여 놓고는, 단
풍 나무까지 이미 반 넘어 이울어, 어떤 나무는 잎이라고 하
나 없이 설─명하게 서 있다. (李泰俊)

★맑끈 조아지도 않고 흐리치도 않은 알 맞은 가을 날씨였
다. 나무ㅅ잎어 혹은 물 들고 혹은 떨어지기 시작하고 과실점
앞에는 해ㅅ과실이 산ㅅ덤이 같이 쌓이기 시작하는 시절이었
다. (李孝石)

★시드른 잡초가 발 아래에 부드럽고, 익은 곡식 냄새가 먼
데서 흘러 온다. (李孝石)

★추석 (秋夕) 가까운 날씨는 해마다의 그 때와 같이 맑았

朴泰遠 編

다. (李泰俊)

★우물 가에 서 있는 오동 나무는 벌서 잎사귀들이 모두 떨어지고, 누렇게 벌레 먹은것 두어 개가 뎅그렇게 달려 있는 모양이 애처러웁다 못하여 보기에 딱하였다. (張德祚)

4. 겨 울

★겨울이 왔다. 하ー얀 영초 가루 같은 독살스러운 눈이 나뜨려내, 땅장, 드물이 얼고, 수채 구멍이 막히다 못해 만살이 튼고, 처마에는 참청 얼음이 박쥐 눈알 반드기듯 오종종히 배겼다. (崔泰應)

★대지(大地)를 봉쇄(封鎖)한 겨울은 때만 남은 나무 가지를 무섭게 울리면서 눈 바람을 몰아 친다. 그러나 북악산(北岳山)의 청청한 잔 솔은 서리ㅅ발을 무릅쓰고 씩씩하게 돌 틈에 뿌리를 박고 섰다. (李箕永)

★서풍(西風)이 불고 처리가 내리기 시작하였다. 찬 기운은 헐 벗은 우리를 위협(威脅)하였다. (崔鶴松)

★겨울 일기로는 유난히 따뜻한 날씨였다. 거리마다 눈이 녹아서 땅이 질축하였다. 바람도 불바퀴와 코에 훗훗하였으며, 외투도 없이 그는 『고루덴』 상의(上衣) 하나만으로서도 푸근하였다. (安懷南)

★인생(人生)에 희로(疲勞)한 자여, 겨울 황혼의 한강(漢江)을 찾지 말아라. 죽엄와 같이 빙혹(冷酷)한 얼음ㅅ장은 이 강을 덮고, 모양 없는 산과 벌레 잎 떨어진 나무 가지도 쓸쓸히, 겨울의 열(熱) 없는 태양(太陽)은 검붉게 녹슬어 가는 철교(鐵橋) 위를 넘지 않는가 …… (朴泰遠)

5. 해·달·별·하늘·구름

★소복히 자란 걸 잎의 풀 숲으로 입하(立夏)지난 해ㅅ별이 맑게 드리웠다. (蔡萬植)

★정거장(停車場) 가까운, 연기(煙氣)와 소음(騷音)에 잠긴 서

쪽 하늘에는 충혈(充血)된 눈처럼 시뻘건 저녁 해가 기울어
져있다. (李泰俊)

★밤중이 훨씬 지나 잠이 깨였다. 조고만 들창으로나마 달
이 서리처럼 뿌─영게 들어 있었다. (李泰俊)

★이지러는 졌으나, 보름을 갓 지난 달은 부드러운 빛을 흐
뭇이 흘리고 있다. (李孝石)

★냇물은 달 빛에 어른 어른 하고, 저편 백(白)모래 밭
에는 돌 버덜이 반짝 반짝 빛나는바 이 편 언덕 위로는 포
푸라의 푸른 숲이 어슴푸레한 그림자를 던지고 있다. (李箕永)

★동지(冬至)를 앞 둔 겨울 밤의 달 빛은 서리가 내리는
다고 더 한 층 희고 푸르다. (嚴興燮)

★달이 참 밝은가 보다. 적은 유리창으로 들어 오는 달 빛
으로 해서 이 방 안이 이렇게 밝을게는 ──, 어쨓게 환한지
방에 물체(物體)들이 윤곽(輪廓)하나 그르트리는 일 없이 분
명(分明)하다. (崔貞熙)

★그날 밤, 서울 하늘은 별마다 금강석(金剛石)처럼 찬란(燦
爛)하였다. (李泰俊)

★눈 앞으로는 설악산 쪽이 아자랑이 속 같의 몽롱할때, 푸
른 하늘에는 뭇 별이 깜박 깜박 눈 웃음을 치고 인간(人間)
을 나려다 본다. (李箕永)

★골목 지붕에는 눈은 그대로 히─여니 쌓여 있었다. 전선)
(電線)줄이 앵 앵 우는 검푸른 하늘에는, 별들이 새로 켜질
촛불처럼 파들거린다. (李泰俊)

★옛 성 모룽의 버드나무 깨처 둥우태 은애 푸르등한 하늘
이 알게 드러웠다. (李孝石)

★아침에는 명랑(明朗)하던 하늘이 저녁 때부태 구름이 끼기
시작한다. 변덕 많은 가을 일가가 금시애 무엇이 올것 깔기도
하다. (李箕永)

　하늘은 여름조차 오월의 하늘……, 한껏 맑고 푸르렀다.
(蔡萬植)

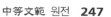

구름이 지내 가느라고 그늘이 한 때 덮였다가 도루 밝어진다. (蔡萬植)

★하늘은 천리 같이 티었는데 조각 구름들이 여기 저기 널리었다. 어떤 구름은 깨끗이 바래 말린 옥양목처럼 흰 빛이 눈이 부시다. (李泰俊)

6. 새벽·아침·낮·저녁·밤

★동네는 죽은듯이 고요하다. 밤중까지 몹시 짖던 개들까지도 이제는 새벽 단 잠이 들었는지, 이따금 푹 푹 날개를 치고 닭 우는 소리만이 마을 공기를 흔들뿐이다. (嚴興燮)

★검푸른 하늘 빛이 동편 하늘에서부터 차차 익은 수박 속 같이 붉어 온다. (李益相)

★새벽녁이다. 달이 지니 바깥은 검은 장막이 내렸다. (金裕貞)

★영창에 별이 방긋 오르고, 부엌에 아침 설거지를 하는 고릇소리가 없어지고, 을아범ㅅ댁이 건넌방으로 들어 갔을 때. (朴魯甲)

★그러나 밝는 날 아침은 하늘은 너무나 무겁게 흐려 있었고, 거친 바람은 구석 구석에서 물며 나오며 눈ㅅ발조차 허 끗 허끗 날리었다. (李泰俊)

★이 집 저 집서 일꾼 나오는것이 멀리 보인다. 연장을 들고 밭으로 논으로 제 각기 흩어진다. 아주 활짝 밝았다. (金裕貞)

★해가 뜨느라고 갈모봉 마루터기가 붉으레 붉어 오른다. 하늘은 구름 한 점 없고 차가웁게 푸르렀다. (蔡萬植)

★사월의 긴 긴 해에 한 낮이 훨신 겨워 거진 새 때가 되었으나, 안 먹은 점심이 시장하기까지 하다. (蔡萬植)

★저녁이 돌자 바람은 산들거린다. 그는 바깥 뜰에 보리ㅅ짚을 깔고 앉어서 동무 오기를 고대(苦待)하였다. (金裕貞)

★저녁 때, 비가 잠깐 개이고 인왕산(仁旺山)머리에는 채 넘

어 가기 전의 해ㅅ별조차 보였다. (朴泰遠)

★약 물 같이 기운한 밤이다. 버들 사이로 달 빛은 해맑다. (金裕貞)

★어슴푸레한 황혼(黃昏)이 차차 어둠의 장막(帳幕)으로 쌓여 가는데 적막한 산촌(山村)은 죽음의 나라 같이 피피하였다. (李箕永)

★어린 아이들은 모두 잠 들고 학교 다니는 아이들은 눈에 졸음이 잔뜩 몰려서 입으로만 소리를 내어 글을 읽는다. (田榮澤)

★첫 겨울 추운 밤은 고요히 짚어 간다. 뒤ㅅ들창 바깥에 지내 가는 사람 소리도 끊어지고, 이따금 찬 바람 소리가 휙 우수수 하고, 밤길의 춥고 쓸쓸 한것을 알리면서 사람을 위협(威脅)한다. (田榮澤)

★하늘엔 여전히 별만 뜨고, 바람은 싸늘한채로 밤은 짚어 갔다 개 소리도 끊어졌다. (崔貞熙)

★하늘엔 별만 뜨고 바람은 싸늘하였다. 횃ㅅ불과 장작 불빛이 없는 마을의 밤은 무척 무섭고, 등ㅅ불 하나 켜지 않은 집들이 무서운 짐승 같이 영큼 영큼 앞으로 기어 오는듯 하였다. (崔貞熙)

★육새가 바삭 바삭 맞 부비는 야릇 하고 갑갑한 소리가 나자, 무슨 새인지『빽!』하고 외 마디 소리를 지르고 날러 간다. 벌서 자랑폭에는 이슬이 축축히 내렸다. (李箕永)

★하늘은 흐리어 별도 없는 밤이다. (李泰俊)

7. 비•우뢰•바람•눈•서리•얼음

★비ㅅ방울은 벌서 유리창에 날버레 떼처럼 매달리고 미끄러지고 엉키고 또그르 궁글고 홈이 지고 한다. (鄭芝溶)

★불은 껐으나 나무 숲 우거진 틀에서 비 맞는 전등이 달처럼 후련히 비친다. (李泰俊)

★해 뜨고 가는 비가 부실 부실 내리는 오후(午後)다.

(朴泰遠)

★비는 마치 밤이 새기 전에는 있는대로 물방 울어리를 떨며는것 같이 퍼 부었다. (李箕永)

★밤은 어느 때나 되었는지 비는 여전히 주룩, 주룩 내렸다. 신문지(新聞紙)를 바른 벽(壁)위로는 반디가 설 설 기어 나온다. (李箕永)

★비는 연 사흘째 퍼 붓는다. 올 해야 말그 오래도록 심어서 착실(着實)하게 된 벼가, 뜻 밖에 수해(水害)를 당할것 같다. (李箕永)

★밤이 밝자면 아직도 한참이다. 비가 퍼 붓듯 내리더니 이제는 바람이 불고 우뢰가 울고 번개가 친다. (崔貞熙)

★새벽 천둥은 더 한 층 무서운것 같다. 그리자 번개ㅅ불이 하늘 복판을 짝 찟고 눈이 부시게 번쩍이여 우박 같은 비ㅅ방울이 쏟아진다. (李箕永)

★질 무렵의 해ㅅ빛은 마지막으로 따뜻한 기운을 놓았고, 혼솔 바람 남풍(南風)은 열시까지나 부드럽게만 불어 왔다. (安懷南)

★오월도 수무해로되, 바람은 훈훈함을 지나처 검정 학생복이 저으기 더울 지경이다. (蔡萬植)

★오월의 향기로운 바람은 그 골목 안에도 가득하였다. (朴泰遠)

★강 바람도 이제는 늦은 가을이라 적지않니 찬가워서, 찰 물에 손을 담그기가 진절머리가 나고, 날이 흐려 바람이나 있는 날엔 등 허리에 소름이 쪽 쪽 끼친다. (金南天)

★이미 겨울이다. 해ㅅ살은 있어도 제법 쌀쌀한 천변(川邊) 바람을 대구나 따주 안고 녀려 가려니, 있젠가길 밤 속에 있냐 나온 몸이 으쓱 으쓱 춥다. (朴泰遠)

★강 바람은 거의 끊임없이 불어 왔다. 그 사나운 바람은 얼음 위를 지나는 사람들의 목을 움추리게 했였다. (朴泰遠)

★오랫 삼위 뚫어진 창 구멍으로는 억센 바람이 기여 들어 온다. (嚴興燮)

★이번 겨울 들어 첫 추위다, 매운 바람이 등 곬으로 숨어 드는것이 유달리 차가웁다. (金南天)

★눈금 나무 가지를 갑들 갑들 흔들면서 벌판을 붙어 오는 바다 바람이 채 녹지 않은 눈 속에 묻힌 종묘장(種苗場)브티 밭에 휩쓸려 도야지 우리에 모지게 부다친다. (李孝石)

★벌써 상점(商店)들은 문을 닫힌데가 많다. 불 빛 흐린 포도(鋪道)에는 도리어 눈 송이 날리는것이 아름답다. (李泰俊)

★장갑을 벗어도 손을 시리지 않다. 손스등에, 얼굴에, 목 덜미에, 눈 송이의 채온(體溫)은 착근거린다. 발에서는 벌써 뽀드독 소리가 날만치 눈은 두껍게 덮이었다. (李泰俊)

★사흘이나 눈이 오고 또 사흘이나 눈보래가 치고 다시 며칠 흐렸다가 눈이 오고, 그리고 날이 들고 따뜻해졌다. 처마 끝에서 눈 녹는 물이 비 오듯 하는 날 오후인데 그 가엾은 아가씨가 나타났다. (李泰俊)

★하루는 다시 추어져 싸락 눈이 사륵 사륵 길에 떨어져 구으는 날 오후이다. (李泰俊)

★지붕이랑 마당에는 된 서리가 찌ー얗게 내렸다. 마당 한 가움데로 명석과 가마니 목을 여러 잎 이 풀려 펴고, 벼 스단을 수북히 접다 부렸다. (蔡萬植)

★발구락이 시린 고무신 바닥에서는 서리스발이 짓밟히느라고 바시락 바시락 가벼운 소리가 흘렀다. (嚴興燮)

★동지(冬至)를 끼고 며칠 동안을 찬 바람은 내리 때렸다. 논 배미, 길 바닥, 개울 창은 바위처럼 모두 얼어 붙었다.

(嚴興燮)

★어제까지 푸른 강 물이 찬 바람에 하풀 하풀 밀고 있더니, 오늘 아침 추위에 조양천(朝陽川)은 백양가도(白楊街道)에서붙어 천주봉(天柱峯)밑 저 쪽까지 유리스장 같은 매얼음이 쫙 건너 붙었다. (金南天)

8. 바다·배·섬·港口·江

★차창(車窓)밖에는 바다가 열린다. 운무(雲霧)자욱한 수평선(水平線)우에 배들이 떠 있다. 실 오리처럼 가늘게 연기만 남을뿐, 선체(船體)는 수평선 넘어로 거의 사라져 없어지는 기선(汽船)도 있다. (李泰俊)

★파도(波濤)는 정말 소리만 들어도 무서웠다. 비도 채죽처럼 휘어 박지만 비ㅅ소리쯤은 파도가 쿵 하고 나가 멀어진 뒤에 슬어지는 거품 소리만도 못 한것이오, 다만 이따금 머리 위에서 하늘이 박살이 나는듯한 우뢰ㅅ소리만이 파도와 다투어 기승을 부린다. (李泰俊)

黃마스트 끝에 붉은 기(旗)가 하늘 보다 곱다. 감람(甘藍) 포기포기 솟아 오르듯 무성(茂盛)한 물 이랑. (鄕芝溶)

★해방산(盛漁期)도 지났으니 쓸쓸 해서 그럴까? 바다ㅅ가엔 놀만 처량하다. 어느 틈에 포구(浦口)를 빠져났 싶은데 돌아다 보니 뒤로 뒤로 물러 앉은 높고 낮은 구릉(丘陵)이 출렁거리는 물ㅅ결을 따라 그대로 부동(浮動)한다. (石仁海)

★바다도 푸르고 하늘도 푸르러 천리로 트였는데, 가끗 없는 수평선(水平線)넘어로 하얀 돛이 드문 드문 넘실거리고 갈매기 흰 깃에도 활짝 든 별이 구김 새 없이 빛난다. (石仁海)

★이 날은, 특별히 날이 맑고 바람이 잔잔해서, 온 바다는 유리와 같이 태양(太陽)을 반사(反射)하고 있었다. 그리고 바다의 끝에서 끝까지 티 하나 없이 내다 보이고, 간혹 섬 중에서 가까운 것은 그 우에 수풀이 우거진것까지 빤하게 건너다 보였다. (金武吉)

★멀리 까뭇 까뭇하게 고기 잡어 배가 유한스럽게 떠 있는것이 점 점이 보이고, 가끔 조고만 발동선(發動船)이 연기를 내 뿜으면서 달아나는것도 모두 아름다운 풍경(風景)이었다. (金武吉)

★간혹 배ㅅ전을 출렁 출렁 치는 물 소리가 어린 생도를

의 가슴을 (놀래어 주기도 하였으나, 얼마 후에는 모두 그 소리에 익어져서 도리어 감흥(感興)을 주었다. 벌써 손을 배스전 밖으로 내어 밀고 물에 담그는 아이까지 생겼다. (孫武吉)

★좌우전후(左右前後)가 끝판이오, 다른 대상(對象)이 없는지라, 가는지 오는지 하리만큼 둔(鈍)하여 보이던 배도 어느듯 항구(港口)에서 멀기를 삼리(三里)가량이나 되리만큼 밀려 나왔다. 망망(茫茫)한 바다라는 형용사(形容詞)가 이래서 생겼구나.. 하리만큼 거침 없이 눈에 떠어 들어 오는 시야(視野)의 넓이가 무릇 수백리에 뻗힐듯 하였다. (孫武吉)

★하늘과 바다와 입 맞후는 곳 ― 멀게 가까웁게 크게 적게 이름도 모를 섬들. 자연(自然)이 만들어 놓은 향기로운 방축 명사십리(明沙十里) 닭은 밝고 바람은 자는 바다 위
(朴泰遠)

★백양(白楊)나무가 늘어진 사이로 새 풀이 우거져서, 섬 속은 단 걸음에 뛰어 들어 가고도 싫게 왼통 푸르게 엿보였다. (李孝石)

★배는 잡판(甲板)우에 선 사람들의 얼굴을 알아 볼수 없으리만치 멀어졌다. 꼬리에서 흰 물스결이 올려 솟더니, 배는 그제야 제 속력(速力)대로 미끄러지기 시작한다. 갑판 우의 사람들이 소리를 지르며 손을 든다. 부두(埠頭)의스 사람들도 따라 소리를 지르며 손을 젓는다. (李泰俊)

★배는 질서 정연(秩序整然)하게 출범(出帆)을 진행(進行)하였다. 부두(埠頭)쪽으로 비스듬 하던 선체(船體)가 바로 서고 한 머리가 돌기 시작하며 『테이프』들이 끊어지고 배스머리가 온전히 태평양(太平洋)을 향해 돌아 서자, 승객(乘客)들이 섰던 갑판(甲板)의 위치(位置)도 바뀌어 지었다. (李泰俊)

★고요한 비스소리 속에 우렁 찬 배 고동 소리가 가끔 울며 온다. 배 고동 소리가 끝 나면, 쏴아 쏴 하는 파도 소리도 들리는것 같다. (李泰俊)

★고개 넘어는 바로 개울이었다. 장마에 홀터 버린 벌 다

머가 아직도 걸려치 않은채로 있는 까닭에 벗고 잠녀아 되었다. 고의를 벗어 따로 등에 얽어 매고 반 발거숭이의 우습광스런 꼴로 물 속에 뛰어 들었다. 금방 땀을 흘린 뒤었으나, 밤 물은 매를 찼었다. (李孝石)

★과탈하고 발 벗고 강(江)으로 나간다. 대동문(大同門)나루 ㅅ배로 대안(對岸)으로대편에가, 발을 물에 잠그고 백사장(白沙場)에 번듯이 누어, 유유창천(悠悠蒼天)의 뜬 구름을 쳐다 보는 것도 좋다. (崔明翊)

★무르익은 녹음(綠陰)의 유경(柳京) 밝은땜(白銀灘) 여울ㅅ가에 능라도(綾羅島)버들 그림자가 짙으면짙을수록, 대동강(大同江)의제 철은 한창이다. (崔明翊)

★서선지방(西鮮地方)과 그 도회(都會)는 산과 아름다우려니와 물과 고을이어서 여름 한 철이면 강 우에는 배가 흔하게 떴다. 나루ㅅ배 외에 지붕을 뎅그렇게 단 노리ㅅ배와 『뽀우트』와 『모우타 뽀우트』가 강 물을 촘촘하게 덮었다. 노리ㅅ배에서는 노래가 흐르고 춤이 보여서 무르녹은 나무 그림자를 띄운 고요한 강 위는 즐거운 유원지(遊園地)로 변한다. (李孝石)

★배로 강을 건너 반월도(半月島)에 이르렀다. 강위에는 수 없이 배가 떴고 언덕과 섬에는 사람들이 들끓었다. (李孝石)

9. 거리·길·公園·山·물

★거리에는 비가 이때것 호느끼고-있는데, 어둠과 안개가 짙에 가고 있다. (鄭芝溶)

★추위를 재촉하는 듯은 비가 잔 밤에 지나간 가을의 거리. (朴泰遠)

★한길 복판을 전차가 지났다. 자동차가 지났다. 자전거와 함께 짐파람이 지났다. (朴泰遠)

★잡 바로 앞에는 호남지방(湖南地方)으로 통하여 가는 일등도로(一等道路)가 놓여 있다. 그 곁에는 날마다 자동차, 짐차, 인력, 달 소 별의것이 끊임 없이 지나 간다. (李殷相)

★온천(溫泉)가는 넓은 도로(道路)가 철로(鐵路)와 나란이 누어서 남쪽으로 줄기 차게 뻗었다. 저무려 가는 강산(江山) 속에, 아득하게 뻗힌 이 두줄의 길이 세삽스럽케 그의 마음을 끌었다. (李孝石)

★천변(川邊)을 등(燈)장사가 지난다. 등은 무연이나 색스럽고, 풍경(風磬)은 그의 느린 한 걸음마다 고요하고 또 즐거운 음향(音響)을 발(發)한다. 날도 좋은 오늘은 바로 사월파일 ——. (朴泰遠)

★다른 때 같으면 나는 으례 풍경(風景)좋은 해안통(海岸通) 길을 택(擇)할것이나, 되도록 급(急)하게 가고자 골목ㅅ길을 달음질 쳤다. (崔貞熙)

★이렇게 밤 늦어 등ㅅ불 없는 길은 어둡고, 낮부터 내린 때 아닌 비에 골목 안은 끌타 더벌 마른 구석 하나 없이 질적거린다. (朴泰遠)

★나는 그대로 공원(公園)안으로 들어 갔다. 간 밤새 내린 비는, 이 곳 풍경(風景)을 좀 더 색막(索漠)하게 하여 놓았다. (朴泰遠)

★공원(公園)나무 숲에 새들이 날아 든다. 재재거린다. 황혼(黃昏)은 그 우에 나리고, 어느틈센가 아이들은 이 곳에 없다. 공원 직이가 세 명, 마당에 물을 뿌리고 비질을 한다.
(朴泰遠)

★공원(公園)벤취에가 오늘도 나는 앉어 있었다. 나무 잎 새 우거진 이 아늑한 자리에서는, 공원 한 복판의 빈 터와 그 터전 건너 편의 분수탑(噴水塔)이 보인다. (朴泰遠)

★뿌—연 달 밤에 분수(噴水)만이 즐겁게 울려 퐁는다. 서늘한 바람이 획 와 안기며 안개 같은 분수 방울을 뜨거운 얼굴에 퐁린다 ♥(李泰俊)

★바위 위에 잔솔이 서고, 잔솔 아래는 이끼가 빛을 자랑한다. 굽어 보니 바위 아래는 몇 포기 난초가 노란 꽃을 벌리고 있다. 바위에 부대치는 산ㅅ 바람에 너울거리는 난초 잎

（金東仁）

★산(山)허리는 온통 모밀 밭이어서 피기 시작한 꽃이 소금을 뿌린듯이 흐뭇한 달 빛에 숨이 막혀 한다. (李孝石)

★길이 좋은 까닭에 세 사람은 나귀를 타고 외줄로 늘어섰다. 방울 소리가 시원스럽게 달랑 달랑 모밀 밭께로 흘러간다. (李孝石)

★다시 도랑으로 나려 왔다. 나비가 날을뿐, 매암이가 울뿐, 백화(白樺)숲이 양바름이 우거졌다. (李泰俊)

★철로(鐵路)를 끼고 올러 가, 정거장(停車場)앞을 지나, 오촌모 행길에 나서니, 장 보고 물아 가는 사람의 그림자가 보인다. 산 모퉁이가 바다 바탕을 막아, 아늑한 저녁 빛이 행결 위를 떠었다. 먼 산 우에는 전기(電氣)의 고가선(高架線)이 닷고, 산 밑을 돌 줄기가 돌아 나렸다. (李孝石)

★앞은 산 밑에서부터 쫙 하니 퍼져 나간 들판, 들판이 다닫은 곳에는 암암한 먼 산의 그림 같다. (蔡萬植)

★호랑이가 나온다는 첩첩장산『수리산』이 덮쳐 누르듯 바로 전면(前面)을 가루 막고 있어, 벽과 코를 대고 앉는것처럼 답답하다. (蔡萬植)

★옥수수 밭은 일대관병식(一大觀兵式)입니다. 바람이 불면 갑주(甲冑) 부디치는 소리가 우수수 납니다. (李箱)

★이 쭉 숲앞으로 떠진 들 안네는 장사실이 갈라진 버포가가 일면(一面)으로 펴—렇고, 물러 보이는 설화산이 가물가물 남쪽 하늘 가에 닿았다. (李箕永)

★원두막은 앞 산 모퉁이 개울 옆으로 기다랗게 생긴 열무 밭 뚝에다 지었다. 거기는 내ㅅ물 소리가 촬— 하게 들리고, 물에선 일어나는 서늘한 바탐이 원두막 위로 솔 솔 불이 온다. (李箕永)

★태조봉 꼴자기에서 나오는 물은『향교말』을 안고 돌다가 동구 왔 버들 숲 사이를 뚫고 흐르는데『동막끌』으로 넘어 가는 실 뱀 같은 길이 개울 건너 논 류 밭 류 사이를 요리 조

리 꼬불거리며 산 잔등으로 기어 올라 갔다. 그 길人가 배
독 옆에 늙은 상 나무 한 주가 등 곱은 노인이 지팽이 풀
집고 있는 형상을 하고 섰는데, 그 언덕 옆으로는 돌 담으
로 쌓은 옹달 샘이 있고, 거기에는 언제든지 맑은 물이 남
실 남실 두던을 넘어 흐른다. (李箕永)

10. 집 ● 村 落

★바다ㅅ소리가 들리고, 바다에서 오는 미역 냄새가 좋고, 매
암이 소리가 들려서 낙원(樂園)같은 우리 집. (崔貞熙)

★거리가 치웁고 바람이 불사록 환한 등불이 비친 방 안
은 더욱 평화(平和)하고 행복(幸福)스러워 보이는것입니다.
(安懷南)

★집은 대문에 쇠가 잠겨 있었다. 빈 집이라 계약(契約)만
잘 되면 곧 옮길수 있는것이 기뻐서, 나는 집 주름이 집 주
인을 데리러 비 오는 산 모퉁이를 돌아 간 뒤에, 대문 밖
에 우산을 받은채 우두커니 섰다가 집 울타리 밖을 몇 번
휘— 돌아 보기도 하였다. (崔貞熙)

★가난한 소학교 교원의 거처하는 집은 역시 상상하였던 바
나 한가지로 적고 또 보잘것 없었다. 마당보다 문전의 길이
높아 문지방은 거의 땅 속에 파 묻히고, 대문은 오른 편으
로 약간 쏠린것이 새로 중창할 예산까지 쳐 보자 않고서는
누가 엽사리 사려 들듯싶지 않었다. (朴泰遠)

★이십년이라면 결코 짧은 시일(時日)일수 없다. 그 사이를
곰 같이 지내 온 집이, 하루 아침 남의 손에 넘어 가자 이
렇게 하숙옥(下宿屋)이 되어 버리리라고는 참말 뜻 밖이었
다. (朴泰遠)

★한약국(漢藥局) 집 문전에 구루마가 한 대 놓이고, 동리
아이들이 오륙명이나 그 주위에 모여 있다. 언제나 시퍼런 코
를 흘리고 있는 만돌이가 가장 자랑스러이 그 아이들을 둘
려 보고, 「어, 우리 집이 이사 간다. 이사 가아.」아까부터 별

 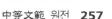

서 甲 편재가 그것을 더 좋아 말하였다. (朴泰遠)

★오리쯤 가녀가 혹 십리를 지나서 몇 채의 호인(胡人)와 집들이 있다. 집들은 크고 육중한데 창문은 하나나 혹 둘이 그 넓은 벽에 초꼬망게 뚫렸다. 마적(馬賊)과 바람을 막기에 는 적당하다고 생각하였다. 어둡고 우중충한 그 속은 아편(阿 片)냄새와 도야지 기름과 수박 씨가 있을것이다. (李善熙)

★마을이라고는 하여도 듬성한 인가(人家)가 산 허리 군데 에 헤일 정도로 밖에는 들어 서지 않은 평펴즘한 산ㅅ골. (李孝石)

★꾸물 꾸물 게 딱지 같은 지붕이 옹기 종기 다닥 다닥 붙어 있는 조고마한 마을이다. 뒤로는 나즈막한 시커먼 솔 밭 이 보인다. 솔 밭 아래로는 게 딱지 지붕을 무시(無視)하는 듯이 커다란 기와집이 서너 채나 서있다. (嚴興燮)

★건너 편 산 속에서 그윽히 우는 뻐꾹새 소리를 들으면 서 이윽고 동네 어구에 당도하였다. 사람의 그림자 하나도 구 경을 못 하녀가 누렁 개가 컹 컹 짖어서 겨우 인간 사는 곳에 온가 싶었다. (蔡萬植)

★형무소(刑務所) 붉은 담을 끼고 돌아서, 다시, 무학산(舞鶴 山)을 바라보며 얼마를 더 가면, 거적과 흙 빛 독 슨은 양 철 조각과 채 검은 빛도 아닌 썩은 판자 쪽으로 머먹 머 먹 기움듯 발려진 움집들이 아기자기 들어 박힌 빈민굴(貧民 窟)이 있다. (崔泰應)

★호인(胡人)의 부락(部落)에 이르면 옥수수와 감자가 산ㅅ 넘어 갈이 쌓여 있고, 조 이삭이 허리를 두르고도 남을만치 길다. 울타리도 없는 마당에 버개 동만큼한 감자를 도야지 떼 들이 파 먹고 돌아 간다. (李善熙)

11. 汽　　車

★기차를 타면 참 상쾌하여진다. 아니, 그것이 달아나고 있 는것을 그냥 바라보기만 하여도 그러하다. 크게 소리를 지르

며 굉장히 연기를 토한다. 무섭고 튼튼하게 된 몸둥이가 늴 다래서 산 모퉁이를 돌 때면 꿈틀거린다. 순식간에 굴 속을 빠져 나와서는 덜덜거리면서 철교 위를 지나 간다. 정말 장 쾌하다. （安懷南）

★시간을 꼬박 꼬박 맞추어 기차는 언제든지 지나 간다. 길다란 몸둥아리가 동리 앞으로 쭉 뻗힌 철로를 술술술술 내 닫는다. 굴 속으로 들어 갈 때에는 산이 막혀서 차 가는 소 리가 잠시 조용하지만, 조끔 있으면 또 다시 우렁차게 사방을 진동한다. （安懷南）

★멀리서는 빼이익 하고 크게 호통을 치고, 가까웁게 와서는 칙칙뚝뚝 칙칙뚝뚝 하며 야단스럽다. 산 모퉁이를 돌고 논 벌 을 지나고 철교 위를 달린다. 꿈을 잔뜩 싣고서 살같이 지평 선（地平線）을 향하여 내닫는다. 누가 보아도 통쾌하다.
（安懷南）

★봉천（奉天）으로 가는 차（車）였다. 고달픈 나그네들의 단 잠 을 실은 차가 밤 깊은 대구역（大邱驛）에 닿다. （朴彰甲）

★찬 바람이 휙 앞을 스치고 불시에 일신이 딴 세상에 뜬 것 같았다. 눈 보이지 않고 귀 들리지 않고 잠시간 전신이 죽고 감각（感覺）이 없어졌다. 캄캄하던 눈 앞이 차차 밝어지 며 거뭇거뭇 움직이는것이 보이고 귀가 뚫리며 요란한 음향 （音響）이 전신을 쓸어 없앨듯이 우렁차게 들렸다. 우뢰 소 리가 … 바다 소리가 … 바퀴 소리가 … 별안간 눈 앞이 환해 지더니 열차（列車）의 마지막 바퀴가 쏜 살 같이 눈 앞을 달 아났다. （李孝石）

★걸어 가는 그의 등 뒤에서는 산 모퉁이를 돌아 나오는 기차（汽車）소리가 아련히 들린다. （李孝石）

★들 가운데 조그만 산 모퉁이를 지나, 기차가 작난ㅅ감 같 이 아물 아물 기어 간다. （蔡萬植）

★기찻가 달 빛 속에 파아란 불을 반짝이며 뱀왕처럼 꼬 리를 흔들고 산 모퉁이로 돌아 간 후, 나는 그제야 아무도

朴泰遠 編

없는 틈엔 홀에 혼자 서 있는것을 알았다. (崔貞熙)

☆호남선(湖南線) 선로(線路)가 눈 앞에 달아난다. 그리고 멀리 보이는 정거장 구내(構內)의 신호등(信號燈)이 하늘에 약간 남아 있는 별과 함께 반짝거린다. (李益相)

☆차(車)며는 뒤쳐 정거장은 언제든 쓸쓸하다. 사람은 차마고 곳에 오래 머물러 있지 못한다. (朴泰遠)

12. 散策 • 遊山 • 登山

☆날씨가 따뜻하여 산보하기 좋은 때라 하지만, 그 길을 한참 걸어 남산(南山)밑 산ㅅ길이 되면서는 두 서 너 떼의 산보객(散步客)이 있을뿐, 무척 한적(閑寂)하였다. 우리는 남산 어느 조 나무 서 있는 좀 으슥한데까 자리를 잡고 앉았다.

(崔貞熙)

☆경성(京城)은 세계에 유례(類例)가 없는 미도(美都)일것이다. 도회에 거주하며 식후(食後)의 산보(散步)로써 물 뗄 넘채로 이라한 유수(幽邃)한 심산(深山)에 들어 갈수 있다 하는 점으로 보아, 경성에 비길 도회가 세계에 어디 다시 있으라. 회흑색(灰黑色)의 지붕 아래 고요히 누어 있는 오백년의 도시를 눈 아래 굽어 보는 여기 사위(四圍)에는, 온갖 고산식물(高山植物)이 난성(亂盛)하고, 계곡(谿谷)에 흐르는 물 소리와 눈 아래 날아드는 기조(奇鳥)들은 완연히 나로 하여금 등산객(登山客)의 정취(情趣)를 느끼게 한다. (金東仁)

☆가을을 맞는 한 계의 예의(禮儀)로 간밤에 은근히 비 내린 뒤 거리 위에는 일어나는 한 점의 티끌도 없이, 가로수(街路樹)한 잎의 잎새 속에도 새로운 계절(季節)은 스며 있습니다. 포도(鋪道)위를 오고 또 가는 우리들의 걸음거리도, 언제는 별로 면하에 변회여 황황(惶惶)할 까닭 없여, 걸음에 맞추어 단장(短杖)이 울 때, 그 소리 또한 귀에 상쾌(爽快)합니다. (朴泰遠)

☆쳐어다 보는 눈에 벌여 반짝이고 어느듯 별도 떴다. 한

숭 이 높아진 백운현(白銀灘)여울 물 소리를 남겨 두고, 수은(水銀)빛으로 굼실거리는 달 그림자에 매생이를 흘려 돌아간다. (梁明翔)

★ 목청을 놓아 노래를 부르면서 돌을 모아서는 화덕을 만든다. 검불을 긁어서 불을 피우고 숯을 얹으니, 산 비탈에 때 아닌 아지랑이가 아롱 아롱 피어 오른다. 이윽고 고기 굽는 연기가 피어 오르고, 약념 냄새가 사방에 흐터지면서 조고만 살림 살이가 벌어지고, 사람의 경영(經營)이 흙과 초목 사이에 젖어 든다. (李孝石)

★ 혼자 어슬렁 어슬렁 자하(紫霞)ㅅ골 막바지로 오른다. 울밀(鬱密)한 송림(松林)사 여에 조금 완곡(緩曲)은 하다 할망정, 그다지 준급(峻急)하다고 할수는 없는 길이 우묵하게 솟은 백악(白嶽)과 엉게주춤하게 어분드리고 있는 인왕산(仁旺山)과의 틈을 뚫고 나가게 된다. (李秉岐)

★ 풀 밭에 서서 아래를 굽어 볼 때, 골자기에는 인가(人家)가 드뭇하고, 먼 벌판에는 철로(鐵路)가 뻗혔고, 산을 넘은 맞은 편 하늘 아래에는, 뭉 자고 온 도회(都會)가 짐작 된다. (李孝石)

★ 산을 넘고 골자기를 지나고 또 산을 넘었을 때, 몸도 허출해지고 시계도 벌써 낮을 가르킨다. (李孝石)

★ 전신(全身)에 꽉 배인 산의 정기(精氣)를 느끼며 뭍에 터인 남포 개도(南浦 街道)를 걸으면, 걸음 걸이에 산 냄새가 머 돈다. (李孝石)

★ 그는 창의문(彰義門)으로 나가서 고성(古城)을 끼고 산 마루턱으로 올타 갔다. 송림(松林)속에서 일어나는 찬 바람이 귀 뿌리를 매어 갈것 같아 매우면서도, 이마에서는 식은 땀이 흐르고, 두뺨은 후끈 후끈 달아 올랐다. (李箕永)

★ 푸른 하늘이 티어 오는 하늘갓을 막아 서고 웃둑 솟은 삼각산(三角山)은 마쳐 일타 부용(一朶 芙蓉)이 바야흐로 피어 오를것 같은 선명(鮮明)한 윤곽(輪廓)을 그리고 있다. 봉

...리에 백설(白雪)을 이고 늠름(凜凜)히 섰는것은 푸른 하늘 빛과 알연히 대조(對照)되어서 그것은 더 한 층 곱고 숭고(崇高)한 인상(印象)을 자아 낸다. (李箕永)

★『스타킹』위로 벌거숭이 무릎을 통채로 들어 내 놓고 등산모(登山帽)를 쓰고, 『륙색』을 메고, 『피켈』을 잡고 나선 모양은 완전히 야인(野人)이다. (李孝石)

13. 장마·가물·큰물·불

★벌서 열나흘째 줄곧 그치지 않는 비다. 삼십간이 넘는 큰 집 역사에 암캐와만이라도 덮은것이 다행이나, 목수들은 토역(土役)이 끝나기만 기다리고, 미쟁이들은 겨우 초벽만 쳐 놓고 날 들기만 기다린다. 기둥에, 중방, 인방에, 시퍼렇게 곰팽이가 돋았다. 기대거나 스치거나 하면 무슨 버러지가 터진것처럼 더럽다. (李泰俊)

★우리 성북동 쪽 산들은 그저 뽀ー얀 이슬비 속에 잠겨 있다. (李泰俊)

★낮부터 찌뿌드듯 하면 하늘이, 저녁에 들어서 도디어 끍아 터지고야 말았다. 바람도 없고, 비ㅅ줄기도 굵지는 않아서, 소리도 은근하게 추룩 주룩 내리는 품이 바로 이른 봄에 꽃 재촉하는 그러한 비나 흡사하였으나, 나중에 생각하여 보아, 그것이 역시 이 여름 장마의 시초이었던것이다. (朴泰遠)

★비는 그대로 매일 같이 줄기 차게 내렸다. 아이들을 가진 집안에서는 병원(病院)과 약국(藥局)에 출입(出入)이 잦었고, 사람들은 차차 너무나 지리한 장마에 멀미가 나기 시작하였다. (朴泰遠)

★잎 잎이 비를 바라나 오늘도 그렇다. 물 잃은 먼지가 보얗게 나풀거린다. 말뚱한 하늘에는 불ㅅ덩이 같은 해가 눈을 크게 떴다. (金裕貞)

★닷샛째ー 가무는 길 위에는 트럭이 지내 갈 쎄마다 흰 먼지가 뽀ー얗게 일어난다. (金南天)

★「올에, 이, 가물며나, 웬 일이야ㅇ」「글쎄. 이거, 참, 바안 와, 큰 일이로군.」 이것은 요지음에 이르러 만나는 사람마다가 하루에도 몇 번씩 주고 받는 인사다. （朴泰遠）

★너무 더운다. 나무人잎들이 다 축 늘어져서 허턱허턱하도록 더움다. 이렇게 더우니 시내人물인들 서늘한 소리를 내어 보는 재간도 없으리라. （李 箱）

★큰 비가 온다 치면, 이『수려산』으로부터 쏟아지는 물이 경사（傾斜）는 급하고 수류（水流）는 짧아, 한꺼번에 와짝 저 앞 개천으로 몰려 닥치느라고 번번이 번고（變故）를 내군 하는것이다. （蔡萬植）

★동구 앞에는 사람들이 아까보다도 더 많이 모여서 엄청나게 나가는 앞 내人물을 기 막힌듯이 내다 보고 있다. 물은 그 동안에 더 불은것 같이 원 들 안이 물 천지다. 이 꼴을 본 마을 사람들은 모두 한숨을 치 쉬고 내려 쉬며 제각기 원통한 사정을 애 끊게 호소（呼訴）한다. 남의 토지나마 그래도 일년 농사를 지어서 겨우 연명（延命）해 나가는 그들인데, 다 된 곡식을 물 속에 처 넣으니, 그들은 참으로 산 모가지를 잘리는것과 일반이었다. （李箕永）

★물은 개천人벽에가 뚫려 있는 토관（土管）구멍에까지 올려 왔고, 사나운 물人결 우에 차차 크고 작은 널人조각이며, 오리목 토막이며, 남은 밀짚 벙거지며, 그러한것들이 떠나며 오기 시작 하였다. 날은 어느 틈엔가 완전히 밝고, 양 쪽 천변（川邊）에는 그 우중（雨中）에도 물 구경 나온 사람이 많았다. （朴泰遠）

★『여보! 치마에 불 붙소! 감투에 불똥 떨어졌소!』── 목이 터지게 제 각기 천호만호（千呼萬呼）하여야 천생 들어 먹어야지. 그러나 자기 집 앞 판장이 후루룩 타 오르며 쓸어지려는것이 들창 구멍으로 힐끗 보이자, 영감도 그제야 위급（危急）한줄 알았던지, 한 손에는 머리의 감투를 움켜 쥐고, 한 손에는 담배人대와 너털뱅이 우산（雨傘）을 겸쳐 들고, 바로소

불창으로 허비적거리며 바운다. 소티 소티 지르며 발을 구르면 사람은, 꽉 막혔던 가슴이 탁 터지는것 같이 숨을 늘혔다. (廉尚燮)

☆불은 어느 틈에 천정을 뚫고 밖으로 내뻗쳤다. 시꺼민 연기와, 재와, 시뻘건 불ㅅ길과, 타는 소리와, 타서 집이 내려 앉는 소리와, 이런것이 더 해 갈수록 그는 더 소리를 지르며 울었다. (崔貞熙)

☆불ㅅ길이 천정에 올때 뻗히고 후룩 후룩 소리를 내며 활활 타는것을 보고, 색씨는 겁이 나서 마땅으로 뛰어 나려 와서 고함(高喊)을 지르며 아래 위로 뛰었다. 동네 개들의 문이 와서 그와 함께 뛰며 짖었다. (崔貞熙)

14. 生活 ● 勤勞 ● 가난 ● 病

★생소(生疎)한 산천(山川)이오 생소한 사람들이니 어디 가 어거면 좋을지? 아는할 사람도 없었다. H때는 촌ㅅ거리에 세 ㅅ방을 얻어 가지고 이름 이름 하는 사이에 보름과 지나고 한 달이 넘었다. 그 사이에 몇 푼 남었든 돈은 다 잡어 먹고, 발은 고사하고 일ㅅ자리도 못 얻었다. 나는 팔을 걷고 나섰다. 이리 저리 돌아 다니면서 구들도 고처 주고 가마도 걸어 주었다. 이리하여 근근(僅僅)이 호구(糊口)를 하여 갔다.
(崔鶴松)

★H장은 좁은 곳이다. 구들 고치는 일보 둘 없지 않었다. 그것으로 밥 먹기는 어려웠다. 나는 여름 불 볕에 섰 김도 매고, 꼴도 비어 팔았다. 그리고 어머니와 안해는 한 방아 찧고, 강ㅅ가에 나가서 부스러진 나무개회를 줏어서 겨우 연명(延命)하였다. (崔鶴松)

★고개 마루턱에 겨우 올라 서자, 휘유 휘, 생그럽게 숨을 몰아 쉬면서 한 옆으로 나무ㅅ지게를 바쳐 놓고 일어 선다.
(蔡萬植)

★인간(人間)이란, 조고만 일에는 결심(決心)하기에 달렸다 할

수 있다. 몸 성하고 건강(健康)한 그가 주먹을 부르쥐고 나서너라, 살기 어려운 세상이라도 간신히 연명(延命)은 해 갈 수 있었다. (李箕永)

★그 전에는 좀 느리다는 평판(評判)을 받던 그가, 이를 때 물고 나서서 부지런히 노동(勞動)일을 하였다. 단 돈 한 푼 이라도 생기는 일이라면 불원천리(不遠千里)하고 대들었다.

(李箕永)

★장마가 저서 큰 물이 난 후로는 별어 마접게 쪼이기 시 작해서, 마을 사람들은 일 새 없는 일에 무시로 밤을 철철 흘렸다. (水莘石)

★땅은 달아서 뜨거운 김을 턱~ 밑에다 뿜진다. 호미를 옮 겨 찌을 쩌마다 무더움 숨을 헉 헉 끊는다. 가물에 조 잎 은 앤생이다. 가끔 뙤드려 김 매는 억의 코며 눈등이를 쩌 른다. 호미는 퉁겨지며 쟁 소리를 때때로 낸다. 곳 곳 이 박인 돌이다. 에사 발이면 한 번 쩌어 넘길걸 서너 번 안 하면 흙이 일지 않는다. 교人등 서 턱에서 맑은 물 후드득 별어지며 호미ㅅ자루를 적시고 또 흙에 소민다. (金裕貞)

★그들은 묵묵하였다. 조 밭 고랑에ㅅ쭉 늘어 박여서 머리 를 숙이고 기어 갈뿐이다. 마치 땅을 파는 두더지처럼——입 을 벌리면 땀 한 방울의 머 흐를것을 염려함너다. (金裕貞)

★김씨(金氏)집 굴뚝에서는 인제야 연기가 모락 모락 나왔 다. 사실, 오늘토 날이 저물도록 아무 도리 없이 여른 아이 가 잠감히 않었다가 많이 옷을 갈아 입으며 오늘 길에 몇 원(圓)내어 한웅큼으로 우렷윤 살아난듯이 활기(活氣)가 난것 이다. (廉尙燮)

★냐는 이 쩨부터 피로쇼 무서운 인간고(人間苦)를 느꼈다. 아아 인생(人生)이란 과연 이렇게도 피로운것인가 하고 나는 떨과 함제 되었다. 나는 내몌게 닥치는 풍파(風波)때문에 눈물 을 흘린 일은 이 때까져 없었다. 그러나 어머니가 나무를 줍 고 젊은 안태가 숯 방사를 펠 때, 나의 뼈는 떫었으며 나

의 눈은 눈물에 흐려졌다. (崔鶴松)

★내가 고향(故鄕)을 떠난것은 오년 전이다. 그 때 어머니와 안해를 데리고 떠났다. 내가 고향을 떠나 간도(間島)로 간것은, 너무도 절박(切迫)한 생활(生活)에 시들은 몸에 새 힘을 얻을까 하여서다. (崔鶴松)

★형수는 때로 드리 밀리는 삯 바느질에 다만 적삼 한 가지라도 남에게 뺴앗기지 않으며 종일을 쉴 사이 없이 재봉틀을 놀렸다. (朴泰遠)

★어머니는 백대(百枚)에 삼전(三錢)이란 공전(工錢)으로 받아다 하는 약(藥)봉지를, 하루 종일 걸려 삼천매의 능률(能率)을 내기에 바빴다. (朴泰遠)

★그 때—— 심한 구토(嘔吐)를 한 후부터 한 방울 물도 먹지 못하고, 허ㅅ바닥을 추기는것만으로도 심한 구역을 하게 된 노인은, 물을 보기라도 하겠다 하였다. 아들은 요를 모겨서 병상(病床)을 돋우고, 아버지가 바라보기 편한 곳에 큰 물그릇을 놓아 드렸다. (崔明翊)

★「아구! 아구!」 환자(患者)는 외마디 소리를 냅다 지르고 다리를 함부루 내젔는다. 간호부들이 머리와 다리를 꽉 누르니 환자는 더 죽는 소리를 낸다. (羹敬愛)

★어머니는 내내 한숨을 접어 쉬었다. 아닌게 아니라, 어머니는 병도 날만큼 되었다. 약을 다리고 짜는것쯤은 문제도 아니었다. 똥 요강 뒤치닥거리도 오히려 둘째이었다. 저것이, 멀정하던 저 애가 이제 와 병신이 되면—— 하는 근심이 갈수록 골수를 파고 들었다. 밤에는 자려 않는 소리를 하다가도, 날만 훤언 하면 일어나던 때는 아직도 첫 시절이었다. 어머니는, 집짐 요지락은 낮에도 누어 신음을 하였다. 구미가 떨어지고 억지로 밥을 좀 먹으면 소화가 잘 안되니, 억지로 먹자고도 들지 않았다. (朴魯甲)

★무료은 자꾸 말성이 생겼다. 가을이 지나 초 겨울에 들어도 아물지 않더니 그에 다시 염증(炎症)이 일어났다. 재수술(再手術)을 하지 않으면 안 되게 되었다. (李泰俊)

■ 구자황(具滋晃)
성균관대학교 국어국문학과, 동 대학원 졸업(문학박사)
현재 숙명여자대학교 교양교육원 교수
주요 논저로 「독본을 통해 본 근대적 텍스트의 형성과 변화」, 「최남선의 『시문독본』 연구」, 「근대 독본의 성격과 위상」(2, 3), 「일제강점기 제도권 문학교육」, 「근대 독본문화사 연구 서설」, 『이문구 문학의 전통과 근대』, 『근대 국어교과서를 읽는다』(공저) 등이 있다.

■ 문혜윤(文惠允)
고려대학교 국어국문학과, 동 대학원 졸업(문학박사)
현재 고려대학교 강사
주요 논저로 「문예독본류와 한글 문체의 형성」, 「조선어/한국어 문장론과 문학의 위상」, 「조선어 문학의 역사 만들기와 '강화(講話)'로서의 『문장』」, 「한자/한자어의 조선문학적 존재 방식」, 『문학어의 근대』, 『근대 국어교과서를 읽는다』(공저) 등이 있다.

근대독본총서 9

中等文範(朴泰遠 編)

© 구자황·문혜윤, 2015

1판 1쇄 인쇄__2015년 06월 30일
1판 1쇄 발행__2015년 07월 10일

엮은이__구자황·문혜윤
펴낸이__양정섭
펴낸곳__도서출판 경진
　　　　등록__제2010-000004호
　　　　블로그__http://kungjinmunhwa.tistory.com
　　　　이메일__mykorea01@naver.com

공급처__(주)글로벌콘텐츠출판그룹
　　　　대표__홍정표
　　　　편집__김현열 송은주 디자인__김미미 기획·마케팅__노경민 경영지원__안선영
　　　　주소__서울특별시 강동구 천중로 196 정일빌딩 401호
　　　　전화__02-488-3280 팩스__02-488-3281
　　　　홈페이지__http://www.gcbook.co.kr

값 19,000원
ISBN 978-89-5996-468-0 94700
ISBN 978-89-5996-135-1 94700(세트)